광무 화폐

김 희 호

현(現) 경북대학교 경제통상학부 교수
미국 노스캐롤라이나주립대학교(North Carolina State University) 경제학 박사
영국 런던정치경제대학교(London School of Economics and Political Science) 대학원 경제사 전공
미국 하버드대학교(Harvard University), Weatherhead Initiative for Global Slavery, WCIA 연구원 (Research Fellow)

조선 후기 노비의 특성과 노비 제도가 조선의 사회경제에 미친 효과를 연구하였고, 그에 대한 연구서인 『조선의 노비와 토지소유방식』이 2007년 문화관광부 우수학술도서로 선정되었다. 19세기 노예 제도와 세계 자본주의 형성에 대한 주제로 진행된 하버드대, 런던정경대, 옥스퍼드대 등의 세계 공동연구 프로젝트에 참여하였다. 조선의 노비 도망과 사회 기능의 문제가 경제발전을 저해했다는 논문으로 영국 LSE 최우수 논문상인 Hunt Prize를 수상하였다. 또한 조선 후기 계층별 토지의 소유와 분배, 빈농계층의 분해 과정을 연구하였으며, 이 시기 대표적 농업경영방식으로서 소농경영의 지속 불가능성에 대한 논문들을 발표하였다. 최근에는 근대조선에서 일본 주도 화폐개혁과 인플레이션이 가져온 화폐적 수탈에 대한 연구를 진행하고 있다.

광무 화폐

찍은 날 2022년 1월 21일 • **펴낸 날** 2022년 1월 27일
지은이 김희호 • **펴낸이** 홍원화 • **펴낸 곳** 경북대학교출판부
출판등록 1973년 10월 10일 ⓐ97호 • **주소** 대구광역시 북구 대학로 80 • **전화** 053-950-3830
팩스 053-953-4692 • **이메일** press@knu.ac.kr • **홈페이지** www.knupress.com
ISBN 978-89-7180-577-0 93910

정가는 뒤표지에 있습니다. 파본은 바꾸어 드립니다.

광무화폐

김희호 지음

光·武·貨·幣

근대조선의 화폐개혁과
조선과 일본의 화폐전쟁

경북대학교출판부

대한제국 황제(고종) | 고종은 1897년 연호를 광무로 제정하고 조선을 대한제국으로 선포하였다.(사진 출처: 위키피디아)

1907년 대한제국 금화(20환)에 각인된
조선 왕실의 오얏꽃 문양

1866년 일본 금화(2엔)에 각인된
일본 왕실의 국화꽃 문양

근대조선의 화폐 1865~1910

근대조선에서 유통된 조선 화폐

1

2

3

4

1 상평통보 (1678~1910)
2 당백전(1866)
3 대동전(1883)
4 당오전(1883)

5

6

7

8

5 다섯 냥 은화(1891)
6 한 냥 은화(1891)
7 백동화(1894)
8 20환 금화(1907)

근대조선에서 유통된 일본 화폐

1

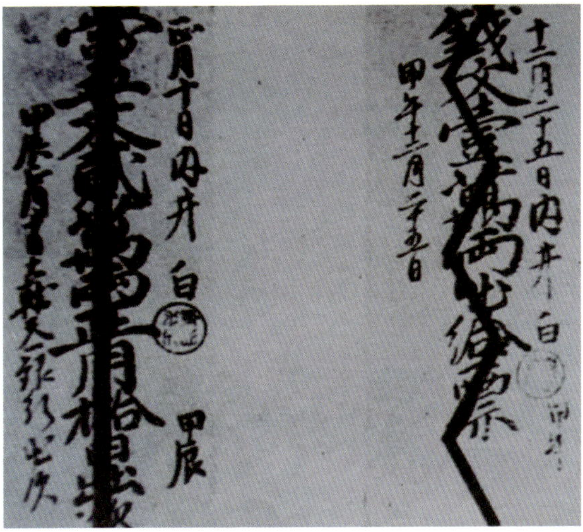

2

1 일본 제일은행의 한전어음(1902)

2 1엔 금화(1871)

3

4

3 1엔 은화(1906)
4 일본 제일은행권 지폐 (1905)

근대조선에서 유통된 중국 화폐

마제은화

조선의 화폐 1678~1865

1

2

3

1 18세기 선혜청에서 발행한 상평통보
2 조선통보(화폐박물관 소장)
3 십전통보(화폐박물관 소장)

개항과 근대조선

1 1876년 강화유수부 연무당에서 열린 조일 강화도조약. 오른쪽이 배석한 조선 관리. 이 조약을 통해 조선은 외국에 문호를 개방하였다.

2 1895년 운산광산. 일본제국이 조선의 금광을 개발하여 조선 금을 일본으로 유출하기 위해 독자적인 지원을 시작하였다.

3 1899년 철도 개통. 철도는 조선으로부터 미곡과 금을 일본으로 유출하기 위해 필요한 운송 수단이었다.

4 1884년 제물포 항구의 세관 건물. 일본으로부터 차관을 빌리고 그 대가로 세관 운영권을 넘기면서 세관 주권을 빼앗겼다. 개항 이후 제물포는 조선과 일본, 조선과 중국 간 주요 무역 항구로서 역할을 하였다. 사진 가운데 서양 신식 건물들의 모습이 보인다.(R. Neff 소장 사진, 출처: 문화재청 국가문화유산포털(http://www.heritage.go.kr/))

5 19세기 말 목포항의 모습. 목포항은 호남평야가 곡창지대이므로 호남에서 생산한 미곡을 일본으로 수출하는 항구로서 역할을 하였다. 사진 왼쪽에 일본으로 반출하는 미곡을 보관하는 창고의 모습이 보인다.(R. Neff 소장 사진, 출처: 문화재청 국가문화유산포털(http://www.heritage.go.kr/))

6 19세기 말 서울 도성의 성곽 근처 장시와 길거리 풍경. 개항 이후 본격적인 시장경제 도입으로 서울의 성곽 주변에 몰려 있는 장시의 풍경이 흥미롭다.(R. Neff 소장 사진, 출처: 문화재청 국가문화유산포털(http://www.heritage.go.kr/))

7

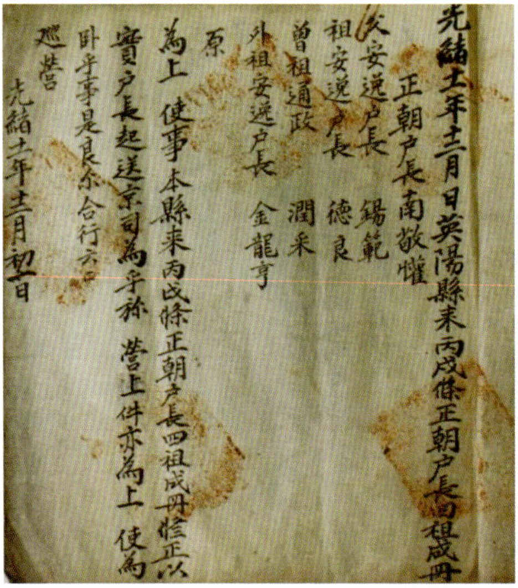

光緒十一年十二月 日英陽縣來丙戌條正朝戶長四祖成冊
正朝戶長南敬燁
父安逸戶長 錫範
祖安逸戶長 德良
曾祖通政 潤采
外祖安逸戶長 金龍亨
原
爲上 使事本縣來丙戌條正朝戶長四祖成冊修正以
實戶長起送京司爲乎旅 營上件亦爲上 使爲
卧乎事是良尒合行云云
巡營
光緒十一年十二月初[illegible]日

7 1885년 경상도 영양현 향리 우두머리인 호장의 4대조를 기입한 호장 4조 성책(수원주역박물관 소장). 향리는 지방관을 도와 모든 행정 실무를 담당하였다. 일본 상인들은 향리, 지방관과 결탁해서 미곡을 저렴하게 매수할 수 있었다.

8 1896년 개항지인 인천 제물포의 풍경. 외국풍의 근대식 건축물들이 보인다.(배재학당 역사박물관 소장)

9

10

11

9 1882년 일본 군대를 따라서 만든 신식 군대의 제식훈련 모습. 조선의 구식 군대는 차별적 대우에 항의하기 위해 임오군란을 일으켰지만 곧 일본군에 의해 진압되었고, 그 결과 조선이 일본에 배상금을 지불하는 불평등 약속을 하게 되었다. 이때 배상금을 일본 차관을 통해 지급함에 따라 조선 재정의 일본 의존도가 심화되었다.

10 1883년 전환국 설치. 일본의 화폐 제도를 본떠서 근대식 화폐를 도입하면서 화폐 발행을 전담하는 전환국을 설립하였다.

11 1904년 서울 대문 안 시장 풍경

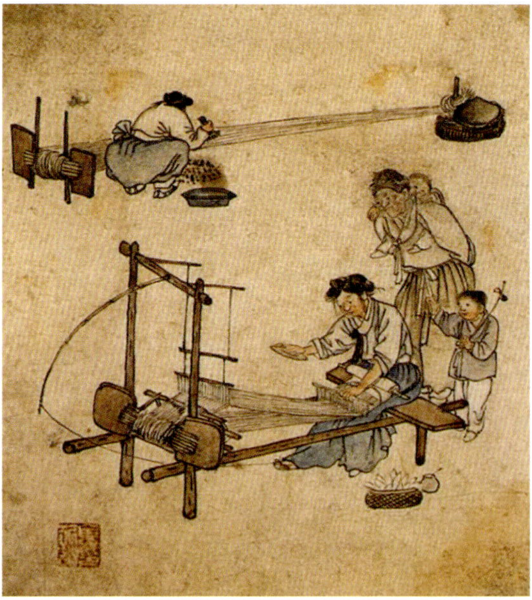

12 19세기 말 조선을 방문한 미국 기자가 환전한 150달러어치의 조선 동전

13 5승포 무명천(석주선기념박물관 소장). 5승포 이상 고급 면포는 상품화폐와 무역화폐로 사용되었다. 5승포는 면포 자수가 촘촘하게 직조되어 만들기도 힘들고 노동력이 많이 투입되어, 고액 거래에 사용되었다.

14 김홍도의《단원풍속도첩》중 〈길쌈〉(국립중앙박물관 소장). 면포를 직조하는 모습이다. 그림 위쪽의 아낙네는 실을 뽑고, 아래쪽의 아낙네는 베틀에서 면포를 직조하고 있다.

머리말

대한제국은 고종이 1897년 조선의 연호를 광무로 정하고 제국을 선포한 국가이며, 1910년 일본이 조선을 합병할 때까지 13년의 짧은 기간 동안 존재했던 제국이다. 대한제국의 흥망 원인에 대해서는 역사가들이 다양한 정치적·군사적 경로를 통해 설명하고 있지만, 그렇게 짧은 시간에 제국이 멸망한 이유를 모두 설명하기에는 부족하다. 광무 연호는 대한제국의 시대를 열었지만, 역사학계에서 금기시된 단어이다. 이는 광무개혁이 실패한 개혁이었으며, 대한제국이 13년 뒤 일본의 식민지로 멸망한 국가이기 때문이다. 광무라는 단어에서 떠오르는 역사적 사실은 조선정부의 무능과 배신, 백성의 치욕과 무지, 화폐의 남발과 무질서, 제국주의 전쟁과 식민화 등 부정적인 측면과 깊이 연관되어 있다.

이 책은 1897년부터 1910년까지 짧은 기간 동안 대한제국의 성립과 패망 과정을 화폐적 측면, 특히 조선과 일본의 화폐전쟁을 통해 설명하고자 한다. 이 책에서 '광무 화폐'는 광무 연호를 사용하는 대한제국의 화폐이며, 황실 문양인 오얏꽃 문양이 각인된 동전화폐를 일컫는다. '광무 화폐'는 일본이 조선을 식민화하는 과정에서 정치적·군사적 침략 이전에 화폐적으로 침략하기 위해 남발한 화폐이며, 초(超)인플레이션을 초래하였다.

이 책은 기존에 알려진 근대 토지 제도의 개혁이라는 관점에서 벗어나서 대한제국의 국제 금 본위제도 도입과 중앙은행 설립 등 화폐개혁의 측면에서 광무개혁의 실체를 설명하고 있다. 광무개혁은 대한제국의 근대화보다는 일본이 주도한 화폐전쟁에 저항했던 처절한 화폐개혁이었다. 광무개혁은 자주적인 화폐 제도를 도입하고 독립적인 금 본위제도를 유지하며, 조선 금이 일본으로 유출되는 것을 막기 위한 적극적인 방어 정책이었다. 하지만 광무개혁은 정부의 무능과 재정 악화, 일본의 집요한 방해로 결국 실패로 끝난 잃어버린 제국의 시작점이었다.

목차

광무화폐

광무 화폐

제1장

제국의 화폐

제국의 화폐

1897년 광무 연호가 시작되는 해는 근대 시기를 1897년의 횡단면으로 잘라서 그때 발생했던 화폐적 사건을 한꺼번에 들여다볼 수 있는 중요한 시점이다. 화폐의 사용은 시장에서 거래 비용을 줄이고, 거래를 원활하게 한다. 또한 화폐는 소비자와 생산자를 구분하여 특화를 통해 경제 효율성을 높이고, 경제성장을 촉진시키는 효과를 가진다. 화폐는 세계적으로 기원전부터 사용되었지만, 실제 조선에서 명목화폐가 본격적으로 주전되어서 전국적으로 사용된 것은 1678년 상평통보 이후이다. 대한제국의 왕실 문양은 오얏꽃인데, 왕실의 성씨인 이(李)가 오얏(자두)이기 때문이다. 1897년 고종이 조선을 대한제국으로 선포하면서 유럽 제국의 왕실 문양을 본떠서 오얏꽃 왕실 문양을 제정한 것으로 보인다. 오얏꽃 문양은 대한제국의 화폐로서 백동화를 포함하여 모든 동전에 각인되어서 주전되었는데, 국화꽃 문양을 가진 일본 동전과 구별되었다.

오늘날 경제에서 정치적·군사적 전쟁보다 더 큰 고통과 치명적인 영향을 가져오는 것이 바로 화폐전쟁일 것이다. 최근 미국 달러화와 중국 위안화, 일본 엔화, 유로화 간 화폐전쟁이 그 사례이다. 화폐전쟁은 무역을 하고 있는 두 국가에서 자국 화폐를 상대적으로 더 많이 발행한 국가에 경제적으로 유리한 효과가 나타나는 특징이 있다. 이 경우 두 국가는 서로 자국 화폐를 양적으로 확대하는 경향이 있다. 화폐의 양적 확대는 국내 시장에서 화폐 유동성이 증가하면서 금리가 하락하고, 실질잔고가 증가하면서 소비와 투자가 활성화되는 대내적 경제성장 효과와 함께, 자국 화폐 가치가 하락하여 환율의 평가절하를 통해서 상대 국가와의 무역수지가 개선되는 대외적 무역수지 개선 효과를 가진다. 최근 화폐전쟁의 사례에서 세계 모든 국가가 자국 화폐를 양적으로 남발하면서, 경제적 이익보다는 세계적으로 인플레이션만 불러왔다. 국가 간 화폐전쟁은 타국의 경제를 궁핍화시키는 근린 궁핍화 정책이기 때문이다.

광무연간 대한제국에서 일어났던 조선 화폐 남발과 일본 화폐 유통 확대는 최근 미국과 일본 등 선진국에 의해 주도되는 화폐전쟁과 유사하다. 하지만 대한제국에서 발생한 조선과 일본의 화폐전쟁은 정말 이상한 전쟁이었고, 어이없이 대한제국이 사라진 원인이었다. 대한제국과 일본의 화폐전쟁에서 특이한 점은 조선 화폐가 양적으로 남발되었지만, 일본은 자국 화폐를 자국 영토가 아닌 조선에서 양적으로 확대하면서 조선과 일본 간 화폐전쟁이 시작되었다는 것이다. 따라서 광무연간 조선과 일본의 화폐전쟁은 두 국가 간 대내외 경제 목표를 달성하기 위해서 경쟁적으로 화폐전쟁을 벌인 것이 아니라 일본의 일방적인 조선 화폐침략이었다. 특히, 대내적으로 일본 화폐의 유통 증가로 조선에서 일본 화폐에 대한 수요가 증가하고 조선의 상거래에 일본 화폐가 침투하여 시장을 지배하는 현상이 나타났다. 대외적으로 일본 화폐의 증가로 일본 화폐 가치가 하락했어야 하지만, 오히려 조선에서 일본 화폐를 선호하면서 일본 화폐 대비 조선 화폐의 한전비가(환율)는 하락하고 조선의 대일 무역수지는 악화되었다. 한전비가의 하락과 일본 화폐 유통 확대로 조선으로부터 금의 유출이 급격하게 나타났다. 1897년 일본은 은 본위제도에서 금 본위제도로 화폐 제도를 변경하면서 그에 필요한 금을 조선으로부터 수탈하였으며, 일본의 본원적 자본 축적에 기여하였다.

조선 화폐의 남발은 조선에서 인플레이션을 가져왔지만, 경제성장의 효과는 없었고 화폐 발행을 주도한 민씨 일가의 사적인 자산만 증가하였다. 일본은 조선에서 일본 화폐의 유통을 확대하면서 군사적 침략 이전에 화폐를 통한 경제 침략을 시도하였다. 일본 상인은 일본과 조선 화폐의 한전비가 하락을 이용하여 조선의 상거래와 대일 무역에서 막대한 무역 이익과 유통 이익을 얻었다. 이러한 일본인의 무역과 유통 이익은 조선으로부터 금의 유출과 일본인의 조선 토지 소유 증가로 나타났다. 1891년 신식화폐조례를 통해서 조선에서 일본 화폐가 합법적으로 유통되면서 근대조선은 화폐적으로 침탈되었고, 일본의 조선 식민화를 앞당기는 결과가 초래되었다. 더욱 충격적인 것은 일본 화폐가 급격히 증가했던 시기와,

1894년 청일전쟁과 1904년 러일전쟁 시기가 일치한다는 것이다. 이는 일본이 조선에서 벌인 두 전쟁의 비용을 조달하기 위해 아무런 내재 가치나 태환성이 없는 일본 화폐를 조선에서 막대하게 유통시켰으며, 그 결과 두 전쟁의 비용을 인플레이션을 통해 조선 백성들이 부담하는 결과를 초래했음을 의미한다. 일본은 조선에서 자국 화폐의 유통을 법적으로 허용하는 화폐개혁을 실행하였다. 일본 상인은 자국에서 가짜 조선 화폐를 몰래 만들어서 유통시켰다. 일본 상인에 의한 가짜 조선 화폐의 유통은 근대조선의 화폐와 정책에 대한 신뢰를 무너뜨리고 국가 경제를 혼란 속으로 몰고 갔다. 근대조선에서 일본 화폐의 합법적인 유통과 가짜 조선 화폐의 유통은 조선의 경제와 시장을 붕괴시키고 일본 화폐를 선호하고 그 가치를 높이는 계기가 되었다. 적국에 의한 가짜 화폐 유통 사례는 국가 간 전쟁에서 자주 사용하던 전략 중 하나였다. 예를 들어, 제2차 세계대전에서 독일에 의한 영국 가짜 파운드화 유통은 영국 경제를 혼란에 빠트리고 신뢰성을 하락시켜서 경제와 시장의 엄청난 붕괴와 교란을 가져오기도 했다.

1876년 개항 이후 근대조선에서 일곱 차례 화폐개혁이 있었는데, 일본의 개입으로 주도된 화폐개혁은 1891년, 1894년, 1904년 등 세 차례였다. 즉, 일본 주도 화폐개혁의 시점이 청일전쟁, 러일전쟁이 시작된 시기와 일치한다. 지금까지 역사학계에서는 근대조선의 화폐개혁을 일본에 의한 조선 화폐 제도의 근대화 과정으로 설명하고 있다. 하지만 일본이 개입한 화폐개혁은 조선 화폐 제도의 근대화보다는 실제 일본 제국주의 확장과 국가자본 축적이라는 목적을 가지고 있었다. 따라서 대한제국의 화폐개혁은 조선과 일본의 화폐전쟁과 경제식민지에 대한 화폐침략이라는 측면으로 바라보아야 한다. 근대조선의 화폐개혁을 현대적 화폐전쟁으로 바라본다면 조선이 일본의 화폐침략에 따라 어떻게 치밀하게 식민화되었는지에 대한 경제적 경로를 밝혀낼 수 있다. 식민지의 제도적 변화 경로와 경제적 파급 경로가 명쾌하게 구별될 수는 없지만, 두 경로는 상당히 차이가 난다.

역사학계는 1897년 광무개혁의 성과를 분석하면서, 조선의 토지개혁과 토지 제도의 확립 등 근대적 토지제도의 개혁이라는 관점에서 설명하고 있다. 하지만 19세기 화폐침략의 관점에서 광무개혁의 핵심은 토지개혁보다는 국제 금 본위제도와 중앙은행 설립이었다. 이러한 광무 화폐개혁은 대한제국의 근대화와 본원적 자본 확장보다는 일본의 화폐침략에 저항하는 처절한 정책이었다. 광무개혁의 화폐적 측면을 고려하지 않으면, 19세기 후반 제국 자본주의와 국제 금 본위제도의 확장 과정에서 나타난 광무개혁의 진정한 본질을 호도할 수도 있다. 즉, 광무 화폐개혁은 조선의 제도 개혁이라기보다는 일본 제국 자본주의 확장에 대항하는 화폐적 독립선언이었으며, 자주적 화폐저항이었다. 광무개혁은 자주적인 화폐 제도를 도입하고 대한제국으로서 독립적인 금 본위제도를 유지하며, 조선 금이 일본으로 유출되는 것을 막기 위한 적극적인 방어 정책이었다. 하지만 정부의 무능과 재정 악화, 일본의 집요한 방해로 결국 실패로 끝난 잃어버린 제국의 시작점이었다.

기존 학계가 광무개혁을 일본의 화폐침략에 대항한 독립적 화폐저항으로 바라보지 못한 가장 큰 이유는 조선의 식민화라는 식민지 도그마에 빠져 있거나, 아니면 이 시기 일본의 화폐침략과 화폐식민화를 증명할 수 있는 화폐 자료가 부족했기 때문이다. 개항 이후 근대조선에서는 상평통보(엽전), 당백전, 대동전, 당오전, 평양전 및 백동화, 적동화, 황동화 등 다양한 한전이 발행되었다. 특히, 당오전과 평양전, 백동화가 남발되었는데, 백동화의 경우 정부가 발행한 관주만 16종이었고, 일본으로부터 밀수입된 사주도 560종이나 유통되었다. 이때 근대조선에서는 화폐 발행을 체계적으로 관리하는 기관이 없었으며, 1883년 전환국 설립 이후에도 한전이 얼마나 발행되었는지에 대한 정확한 화폐 자료를 확인할 수 없다. 또한 개항 이후 외국 무역의 증가와 더불어 외국 화폐의 사용도 무질서하게 증가하였으며, 일본 화폐, 중국 마제은화, 러시아 은화, 멕시코 은화 등이 함께 유통되었다. 하지만 근대조선에서 외국 화폐가 얼마나 유통되었는지에 대한 추정 자료도 없다. 한전과 외국 화폐 유통량에 대한 자료 부족으로 근대조선에서 화폐의 양적 확대와 화폐전쟁을 확인할 수 없고, 화폐와 밀접한 물가, 무역과 경제 침체에 대한 연구가 거의 없다. 일본이 개입한 화폐개혁이 어떻게 조선을 화폐적으로 침략했는지에 대한 연구가 부족한 이유이다.

이 책의 목적은 1865년부터 1910년까지 근대조선에서 발생했던 화폐개혁을 조선과 일본의 화폐전쟁 측면에서 설명하고, 이 화폐전쟁이 두 국가가 동등한 위치에서 치러진 것이 아니라 일본 제국주의 확장 과정에서 나타난 일본의 화폐침략이었다는 사실을 보여 주고자 한다. 특히, 광무개혁의 금 본위제도와 화폐전쟁을 통해 일본 제국주의 확장과 조선 식민지 화폐 정책을 정확하게 파악하기 위해서는 국제 금 본위제도에 대한 이해가 필요하다. 이 책이 다루고 있는 시기는 1865년부터 1910년까지로, 근대조선의 시기와 거의 일치한다. 근대조선은 개항과 무역을 통해 근대화가 시작되는 1876년부터 1910년까지를 말한다. 하지만 이 책은 개항 이전인 1865년 당백전 발행과 철폐, 청전 수입 등 화폐 변동이 극심했던 시기를 포함해서, 근대조선의 시기를 당백전이 발행된 1865년으로 앞당겨서 1865년부터 1910년까지로 정의한다.

이 책은 먼저, 1865~1910년 근대조선의 파편적인 화폐 자료를 하나씩 꿰어 맞추고, 연역적으로 추론해서 근대조선의 화폐량 자료를 최초로 완성하였다. 둘째, 일본의 화폐침략이 조선 경제에 미치는 화폐적 효과를 실증적으로 확인해 보았다. 특히, 조선과 일본의 화폐전쟁으로 인한 조선 화폐 남발, 일본 화폐 유통 확대, 인플레이션과 한전비가 하락이 근대조선의 유통과 무역에서 얼마나 불리하게 작동되었으며, 화폐적 수탈이 발생했는지를 추정해 보았다. 셋째, 국제 금 본위제도에서 광무개혁의 화폐사적 의미를 찾아보고자 한다. 광무개혁의 주요 화폐 정책은 중앙은행 설립과 금 본위제도의 도입이었다. 흥미로운 점은 이 시기 조선은 금의 생산량과 보유량이 많지 않았음에도 불구하고 중앙은행과 금 본위제도를 도입하려 했다는 것이다. 역사학계는 중앙은행과 금 본위제도의 도입을 조선의 제도 근대화 측면에서 분석하였으며, 광무개혁의 의미를 제국주의와 식민주의적 관점에서 찾고 있었다. 하지만 광무개혁의 의미는 제국주의적 프레임보다는 일본의 화폐침략에 맞선 자주적 화폐 발행권과 국제 금 본위제도의 확산에서 찾아야 한다. 19세기 말 화폐 자료의 부족으로 연구가 거의 이루어지지 않았던 광무개혁의 화폐적 의미와 일본의 조선 식민화 과정을 화폐침략으로 정의하여 광무개혁의 의미를 새롭게 제시하고자 한다. 특히, 국제 금 본위제도가 확산되고, 제국주의가 확장되고 있던 시기에 광무개혁의 금 본위제도 도입이 대한제국의 흥망에서 얼마나 중요한 의미를 가지는지를 보여 주고자 한다.

1894년과 1904년 일본이 주도한 대규모 화폐개혁의 결과는 조선의 화폐적 주권 상실과 경제 궁핍화를 가져왔다. 광무개혁은 19세기 말 국제 금 본위제도와 제국이 확산되는 시대에 조선이 스스로 자주적 왕권을 확립하고자 한 노력의 일환이었다. 하지만 1910년 대한제국은 일본에 의해 잃어버린 제국이 되었으며, 광무연간 발행된 화폐도 1904년 한전 환수 정책을 통해 역사에서 사라져 버렸다. 이 책은 화폐전쟁으로 일본이 조선에서 침탈했던 여러 화폐적 효과를 밝히고 있다. 예를 들어, 일본의 화폐침략으로서 제일은행과 금융 기구를 이용한 금융 지배, 대일 무역수지 적자와 금의 유출, 일본의 본원적 자본 축적, 조선의 화폐 가치(한전비가) 하락을 통한 일본 화폐 유통 확대, 조선의 재정 고갈과 차관을 통한 식민지배, 인플레이션을 통한 강요된 저축 등이 있다.

마지막으로 이 책은 근대조선의 화폐전쟁에 대한 이해를 돕기 위해서 그 이전인 1678년 상평통보가 처음 도입되던 당시 조선의 화폐적 상황을 간략하게 설명하고자 한다. 또한 1678년 상평통보가 도입되고 1905년 환수될 때까지 조선의 화폐량 자료 전체를 정리해 보았다. 초기 화폐경제 시기의 동전 주전량 자료를 1865~1910년 근대조선의 화폐량 자료와 연결하면 조선의 전체 화폐량 자료를 처음으로 구축할 수있다. 조선시대 전체 화폐량 자료를 구축함으로써 지금까지 화폐 자료가 없어서 연구가 미진했던 조선시대의 물가, 무역, 경기변동 등 미래 후속 연구의 전환점이 될 것이다. 1678년 초기 화폐경제 시기 조선의 가장 큰 특징은 지속적인 전황 현상이었다. '전황 현상'은 거래에 필요한 동전(상평통보)이 부족하여 동전 가치가 높아지고 디플레이션이 지속되는 현상이다. 17세기 조선은 농업경제 사회였으며, 인구가 증가하고 도시와 시장이 점차 발달하면서 시장 거래량이 증가하였다. 하지만 조선시대 전황의 이유는 첫째, 동전의 원료인 동의 수입을 일본에 의존하였으며, 둘째, 정부가 유교적 지배 철학을 이유로 동전 주조와 상거래에 대해 부정적인 인식을 가지고 있어서 동전 주조를 억제하였기 때문이다. 학계에서는 전황 시기를 동전이 귀했던 1678~1750년으로 보고 있다.

이 책에서는 전황을 거래량에 비해 화폐량이 부족한 것으로 새롭게 정의해서 조선의 전황 시기를 다시 추정했다. 실증적 추정에 따르면 조선의 전황 현상은 조선 후기 대부분 시기를 포함하는 1678

년부터 1865년까지 장기간 지속되었으며, 전황이 사라진 것은 1866년 이후 당백전과 당오전, 평양전 등이 남발되고 나서였다. 다시 말해 조선 후기 약 200년 동안(1678~1865)은 전황과 디플레이션 시대였지만, 근대조선의 화폐전쟁이 벌어지는 동안은 인플레이션 시대였다. 일본의 화폐침략은 상품화폐를 사용하던 조선을 화폐경제 체제로 전환하는 출발점이었으며, 화폐적 식민지배의 경로였다.

제2장

제국의 금

제국의 금

1876년 한일수호조약(강화도조약)으로 개항이 되고 외국과 무역이 시작되면서 외국 상품과 외국 화폐가 급격하게 유입되기 시작하였다. 1883~1891년에 일본의 근대적 화폐 제도를 따라서 전환국이 설치되었지만, 화폐 관리가 제대로 이루어지지 못하였고, 당오전과 평양전이 대규모로 남발되었다. 1892~1904년에는 신식화폐조례가 시행되었고 백동화가 남발되었으며, 일본 화폐도 합법적으로 유통할 수 있게 되었다. 1904년 이후 화폐정리사업으로 조선 화폐를 환수하고 그 대신 일본 화폐를 조선의 법정화폐로 사용하였고 일본 제일은행이 조선의 중앙은행으로서 지위를 차지하게 되었다. 근대 조선(1865~1910)은 짧은 기간이지만 한 봉건국가가 화폐적으로 식민화되는 과정을 적나라하게 보여 주는 실험공간이다. 특히, 이 시기에 일본 주도로 진행된 화폐개혁은 일본 화폐의 양적 확대를 통해 조선을 화폐적으로 철저하게 수탈하고, 조선의 화폐 주권을 빼앗고 일본의 본원적 자본을 축적하는 과정이었다. 일본이 주도한 세 차례 화폐개혁은 조선의 경제발전과 근대적 화폐 제도 도입이라는 명분을 앞세웠지만, 실제로는 일본의 화폐침략이었으며, 일본 화폐의 유통 확대, 조선 화폐 남발과 신뢰 하락, 물가 급등을 가져왔다.

근대조선에서 일본의 화폐침략을 설명하기 위해서 1897년 광무개혁을 기억할 필요가 있다. 광무개혁은 1897년 연호를 광무로 하고 조선을 대한제국으로 선포하였으며, 일본과 유럽의 제국들과 대등한 정치적·군사적 관계를 설정하고자 시도한 개혁이었다. 광무개혁은 근대적 토지 제도 도입과 토지측량을 통한 조세 재원 발굴, 새로운 경제 제도 도입 등 혁신적인 내용이 많았다. 하지만 광무개혁의 가장 큰 본질은 화폐적 개혁, 즉 금 본위제도를 도입하고 중앙은행을 설립하는 것이었다. 두 가지 화폐적 개혁을 성공적으로 이끌기 위한 중요한 조건이 금과 재정의 확보인데, 자금을 마련하기 위해 세 가지 정책을 시도하였다. 재정의 효율적 관리, 조세 재원 확충, 해외 차관 도입이 그것이었다. 먼저 재정의 효율적 관리를 위해서 기존에 탁지부에서 관리하던 것을 왕실의 궁내부 내장원으로 변경하여 왕실에서 직접 재정을 관리하였다. 둘째, 토지 결세를 통해 재원을 마련해서 화폐개혁을 추진하는 데 필요한 자금을 확보하기 위해 토지조사사업을 시행하였다. 셋째, 조선은 독자적인 금 본위제도의 운영과 중앙은행 설립에 필요한 자금을 준비하기 위해 일본으로부터 차관을 도입하려고 했으나 실패하였다. 대한제국은 자주적 화폐 제도의 도입에 필요한 충분한 금을 마련하지 못해서 금 본위제도를 포기하고 1899년 은 본위제도로 다시 전환하였다.

돌이켜 보면 광무개혁의 가장 큰 논쟁은 정부 재원도 부족하고, 보유하고 있는 금의 준비고도 부족한 상태에서 대한제국이 왜 금 본위제도를 도입하고 중앙은행을 설립하려 했는가 하는 점이다. 광무개혁의 두 가지 화폐 정책에서 공통점은 바로 금의 유출과 직접적으로 연결되어 있다. 1897년 일본은 금 본위제도로 복귀하면서 많은 양의 금을 필요로 했으며, 이를 조선으로부터 조달하려고 했다. 이를 위해 일본 주도로 대규모 화폐개혁을 실시해 조선 화폐를 남발하고 신뢰를 떨어뜨리면서, 한전비가를 낮추고 그 대신 일본 화폐의 법적인 유통을 허용하였다. 결국 조선에서 실시한 일본의 화폐개혁은 낮은 한전비가를 통해 일본의 금 본위제도를 유지하기 위해 일본의 금 정화량의 69%를 조선의 금으로 조달하기 위한 것이었다.

이 책의 첫 번째 주제는 19세기 말 광무개혁의 가장 중요한 키워드로서 금 본위제도를 이해하고, 금 본위제도에 필요한 금의 생산과 유출 과정을 자세하게 설명하는 것이다. 특히, 조선의 금 생산과 유출을 통해 일본이 자국의 금 본위제도를 유지했으므로 일본의 금 준비고 변화와 금 정화 화폐량을 조선의 금 유출량과 비교해서 살펴보았다.

1. 금 본위제도

대한제국의 화폐 정책을 파악하기 위해서 이 시기 세계 제국주의 확대와 금 본위제도에 대한 이해가 필요하다. 광무개혁에서 금 본위제도와 중앙은행 도입은 19세기 말 자주적 독립국가로서 국가자본의 축적이라는 측면에서 중요한 의미를 가지고 있다. 금 본위제도에서 한 국가의 화폐는 금 정화 또는 금으로 태환되는 지폐로 만들어지며, 그 국가의 화폐량은 국가가 보유하고 있는 금의 양에 따라 결정된다. 금 본위제도에서 화폐 가치는 금의 가치와 같으며, 화폐로서 금이 곧 국부(national wealth)의 원천이었다. 그러나 현대 경제학에서 금 보유량과 화폐량 증가는 실질적인 국부의 창출이 아니라 물가 상승만을 가져온다는 것이 나중에 밝혀졌다. 하지만 19세기 말 산업화로 인해 선진 열강들은 본원적 자본을 축적하기 시작했다. 그들은 산업화의 본질인 국가자본을 확장시키기 위해서 생산원료 기지와 상품 유통시장으로서 식민지를 개척하였으며, 그 과정에서 제국주의 국가자본이 축적되었다. 또한 실질적인 국부 창출을 위해 모든 국가가 금 확보에 적극적으로 뛰어들었고, 제국주의 국가들의 식민지 시장 개척도 금광 개발과 금 수탈이 목적이었다. 일본도 뒤늦게 제국 자본주의 대열에 뛰어들어 1897년 전면적인 금 본위제도를 도입하면서 많은 양의 금을 확보해야 했다. 이 시기 조선 고종에게 자문을 해 주던 러시아 고문은 세계 제국들의 금 본위제도와 식민지 개척, 제국주의 확장에 대해 조언을 했을 것이다. 고종은 자주 독립국으로서 대한제국의 국부인 금이 일본으로 유출되는 것을 막기 위해서 스스로 금 본위제도를 도입했으며, 다른 한편으로 금 본위제도를 근대적 화폐 제도로 인식하고 도입하려고 했다.

중앙은행 제도의 도입은 화폐의 자주적 발행권을 일본에게 빼앗기지 않으려는 목적이 있었다. 화폐의 자주적 발행권과 중앙은행의 존재는 금의 확보와 더불어 금 본위제도를 유지하는 또 다른 축이었다. 즉, 금 본위제도에서 화폐 발행은 국부의 창출이기 때문에 화폐 발행을 통제하고, 자주적으로 화폐를 발행할 수 있는 권리로서 중앙은행의 도입이 필요했다. 결국 광무개혁의 본질로서 금 본위제도와 중앙은행 도입은 독립된 제국으로서 당연한 국부 창출과 통제 행위였다. 하지만 조선의 입장에서 긍정적이었던 광무개혁은 일본의 집요한 반대와 화폐침략으로 그 효과가 거의 나타나지 않았다. 광무개혁의 금 본위제도는 재정 부족으로 2년 후인 1899년 폐지되었고, 화폐의 자주적 발행권과 중앙은행 설립은 일본 주도 화폐전쟁으로 무산되었다. 그 대신 일본 제일은행이 조선의 화폐 발행권을 가진 중앙은행이 되었다.

한편 일본 화폐는 1876년 개항 이후 개항지와 일본인 거주지를 중심으로 유입·유통되다가 점차 유통 범위가 확대되었다. 일본 주도로 진행된 화폐개혁으로서 1891년 신식화폐조례와 1894년 신식화폐발행장정을 시행하면서 조선에서 일본 화폐의 사용이 법적으로 허용되었다. 즉, 일본 화폐를 공식적으로 세금 화폐와 회계 단위 화폐로 사용하기 시작하였다. 특히, 흥미로운 점은 1894년 청일전쟁에 소요되는 전쟁 경비를 조달하기 위해서 일본이 자국 화폐를 조선에서 유통시켰는데, 가져온 일본 화폐 가운데 실질가치를 지닌 은화는 1/3이고 나머지는 모두 불태환 지폐였다. 이는 일본이 태환이 불가능한 일본 지폐를 조선에서 양적으로 확대시키고 물가 상승을 통해 청일전쟁의 비용을 조선 백성들에게 부담하도록 하는 결과를 초래했다.

근대조선에서 일본 화폐의 유통 확대는 최근 국제금융시장에서 미국, 일본과 영국 등 선진국에 의해 주도되는 화폐전쟁의 효과와 유사하지만, 일본이 자국이 아닌 조선에서 일본 화폐를 양적으로 확대했고, 대내외적으로 화폐 효과가 나타났다는 점에서 차이가 있다.

19세기 말 세계 제국주의 확산 과정에서 대한제국은 화폐의 자주적 발행을 위해서 중앙은행의 설립이 필요했으며 국부의 창출과 금의 해외 유출을 막기 위해 금 본위제도의 도입이 시급히 요구되었다. 하지만 광무개혁의 화폐 정책은 일본의 집요한 방해로 실패했고 오히려 일본 주도의 화폐침략으로 인해 조선은 정치적·군사적으로 식민지가 되기 전에 먼저 화폐적으로 일본의 식민지가 되었다. 불행하게도, 지금까지 광무개혁의 화폐 정책과 그 효과에 대한 연구는 거의 없었다.[1] 광무개혁은 그 기간이 불과 10년도 채 되지 않고, 그 결과 또한 실패로 끝나면서 역사에서 기억되지 못하는 사건이다. 근대조선의 금 본위제도 도입을 일본의 화폐침략에 대응하는 수단으로 파악하기 위해 실제 조선에서 얼마나 많은 금이 생산되었으며, 일본으로 어떻게 유출되었는지를 설명할 필요가 있다.

---

1 광무연간의 화폐 정책에 대한 연구는 한국역사연구회 편(1991), 이석륜(1994), 강덕상(1967), 姜德相(1965), 淺田喬二(1973), 村上勝彦(1973a), 小林英夫(1979), 高嶋雅明(1978), 波形昭一(1985), 羽鳥敬彦(1986) 참조.

2. 금 생산과 수출

국제 금 본위제도에서 무역 결제 수단으로서 금과 일본 화폐는 일상생활에서 사용되는 교환 수단보다는 현대적 개념에서 외환 준비고로서 근대조선의 본원통화량에 크게 영향을 미쳤다. 따라서 국제 금 본위제도에서 근대조선의 화폐량을 추정하기 위해서는 금의 생산량과 유출량을 파악하는 것이 중요하다. 금 본위제도에서 금은 일본과 중국의 무역에서 필수적인 무역 결제 수단으로 사용되었다. 19세기 영국을 시작으로 세계 각국은 금 본위제도를 도입하였고, 무역 및 국제 결제 수단으로 금화 또는 금 태환권이 사용되었다. 각국은 금 본위제도의 화폐량 준칙(the game rule of the gold standard system)에 따라 화폐를 발행하였다. 영국이 최초로 1819년에 금 본위제도를 실시한 이후 1867년 유럽통화회의에서 서구 열강들은 자국 통화에 대한 금 본위제를 도입하기로 결정하였다. 포르투갈은 1854년, 독일은 1871년, 미국, 프랑스, 네덜란드는 1873년, 러시아는 1876년, 일본은 1897년에 금 본위제도를 도입하였다. 유럽 제국의 금 본위제도는 1892년 오스트리아-헝가리 제국의 금 본위제 전환으로 마무리되었다.

근대조선에서는 농작물이 풍작일 때 금 생산과 수출이 줄어들고, 흉작일 때 확대되는 등 금 생산과 수출이 불안정하였다. 이는 금 광산의 노동자들이 주로 금광업과 농업을 동시에 수행하고 있었기 때문에 농사가 풍년일 때는 농사에 집중하느라 금광업에 필요한 노동력이 부족하여 생산이 줄어들었기 때문이다.[2] 하지만 금은 조선의 주요 생산물이었으며, 일본의 주요 관심사였기 때문에 금 수출 규모는 농업 생산과 관계없이 일정한 수준을 유지하였다. 조선의 금은 사금 생산과 금광 개발을 통해서 산출되었다. 먼저, 사금의 생산은 조선 노동자에 의해서 주도되었으며, 산출된 금은 객주를 통해 일본 상인에게 매매되었다. 사금은 조선의 연평균 금 생산액 450만 엔 가운데 300만 엔으로, 그 비중이 60% 이상을 차지하였는데, 평안도 순안, 선천에서 생산된 사금이 가장 많았고 영변, 태천, 삭주에서도 사금이 많이 생산되었다. 금광 개발은 대규모 자본이 투입되어야 하므로 자본력이 있는 미국인, 영국인, 일본인 등 외국인에 의해서 이루어졌다. 평안 지역 운산광산이 가장 크며, 생산액이 연평균 100만 엔 이상이었다. 그다음이 은산광산으로 생산액이 50만 엔 이상이었으며 창성, 태천 등에서도 금광이 개발되었다. 19세기 조선의 3대 산업생산을 보면 농업이 1억 5천만 엔, 광업이 400만~450만 엔, 수산업이 350만 엔 정도였다. 이 가운데 금광업은 광업의 95%를 차지하는 주요 산업이었다.[3] 1900년을 기준으로 조선에는 약 126개소의 금 산지가 존재하였으며, 생산량은 연 1천 관목(貫目) 이상이고 생산액은 400만~450만 엔 정도였다.[4]

[표 2-1]은 일본과 중국에 대한 근대조선의 금 수출액과 생산액을

2 김양식(1997), 박찬일(1982), 전석담·최윤규·이기수·김한주 지음, 김인호 엮음(1989) 참조.
3 이배용(1972), 유승주(1976), 박만규(1984) 참조.
4 박찬일(1982) 참조.

[표 2-1] 1877~1909년 근대조선의 금 수출액과 금 생산액(단위: 천 엔)

연도	금 수출액			금 수입액	금 생산액	연도	금 수출액			금 수입액	금 생산액
	일본	중국	합계				일본	중국	합계		
1877	37.48		37.48		46.9	1894	638	295	934	14.0	1,167.5
1878	23.81		23.81		29.8	1895	952	400	1,352	3.0	1,690.0
1879	64.88		64.88		81.1	1896	802	587	1,390	2.0	1,737.5
1880	122.44		122.44		153.1	1897	947	1,086	2,034	6.0	2,542.5
1881	510.58		510.58		638.2	1898	1,192	1,183	2,375	50.0	2,968.8
1882						1899	2,049	883	2,933	309.0	3,666.3
1883						1900	3,065	567	3,633	1,312.0	4,541.3
1884						1901	4,857	136	4,993	3.0	6,166.3
1885	599		599		748.8	1902	5,004	60	5,064		6,330.0
1886	911	218	1,130		1,412.5	1903	5,456	0.2	5,456	100.0	6,820.0
1887	1,177	210	1,388		1,735.0	1904	4,999	11	5,009	356.0	6,261.3
1888	1,025	348	1,373		1,716.3	1905	5,205	2	5,206		6,507.5
1889	608	373	982		1,227.5	1906	4,601	64	4,666	100.0	5,832.5
1890	275	474	749		936.3	1907	4,468	150	4,617	9.0	5,771.3
1891	273	415	689		861.3	1908	4,771	0	4,771	856.0	5,963.8
1892	366	485	852		1,065.0	1909	6,112	0	6,112	500.0	7,640.0
1893	425	493	918		1,147.5						

*자료: 강덕상(1962), 오두환(1991), 김호범(1991), 이석륜(1994)에서 인용

추정한 자료이다. 1900년 기준 조선의 총 금 수출액은 363.3만 엔이었다. 같은 해 국내 금의 총 생산액이 454.1만 엔이었으므로, 생산액 대비 금 수출액 비중이 80%에 달한다. 실제 19세기 말 조선의 금 수출액은 거의 정확하게 자료로 밝혀져 있지만, 금 생산액 자료는 구할 수 없었다. 따라서 조선 금 생산액 자료는 1900년을 기준으로 삼아 금 생산액 대비 수출액 비중인 80%를 이용해서 금 수출액으로부터 금 생산액을 역으로 추정할 수 있다. 금 본위제도에서 조선의 금 생산액은 조선의 화폐량 증가를 나타내며, 금 수출액은

화폐량 감소를 의미한다. 조선의 금 수출과 생산은 일본이 금 본위제도를 본격 실시한 1897년 전후 급증하였다. 1895년 금 수출액은 135.2만 엔이었으나, 1897년 203.4만 엔, 1900년 363.3만 엔으로 증가하다가, 1901년 499.3만 엔, 1903년 545.6만 엔으로 급증하였다. 조선의 금 생산액은 금 수출액과 유사한 추세로 증가하였는데, 1895년 169만 엔, 1897년 254.2만 엔, 1900년 454.1만 엔으로 증가하다가 1901년 616.6만 엔, 1903년 682만 엔으로 급증하였다.

일본 상인이 조선에서 반출해 나간 금의 통계를 정확하게 파악하기는 어렵지만, 필자는 『통상휘찬(通商彙纂)』과 일본 대장성, 일본은행의 사료를 바탕으로 근대조선의 금 무역을 분석할 수 있었다. 일본은 제국 자본주의 확대와 금 본위제도를 유지하기 위해서 국부의 원천으로서 금의 확보가 필수적이었다. 중국은 경제발전 단계가 낮고, 은행 제도와 외환시장이 발달하지 못한 상태에서 대외 결제 수단으로 금이 필요했다. 이러한 일본과 중국의 금에 대한 수요는 조선에서 중국 상인과 일본 상인의 치열한 금 매입 경쟁으로 나타났고 무역이 확대되면서 금의 유출도 가속화되었다. 이 시기 세계 최대 자본주의 국가인 영국은 주로 인도와 중국에 관심을 보이며, 조선에 대한 관심은 상대적으로 적었다. 결국, 근대조선은 생산력 단계가 뒤지는 중국과 국가자본주의 체제로 본격 전환하기 시작한 일본 간의 시장 쟁탈 경쟁의 장이 되었다. 1894년 청일전쟁 이전까지는 청국과 일본 상인이 조선의 금을 둘러싸고 치열한 경쟁을 벌였지만 일본이 전쟁에서 승리함에 따라 그 이후에는 일본이 금 유출을 주도하였다.

일본 대장성 자료[5]에 의하면, 일본이 금 본위제도를 본격 실시한 1897년을 전후하여 일본의 금 수입액은 매년 급증하였다. 일본은 미국에 의한 강제 개항 이후 미국 등 서구 열강들의 화폐 제도를 따라 1871년 금 본위제도를 도입하고 금화를 주조하였다. 하지만 금 부족 등 여건 미비로 인해 금화가 거의 유통되지 못하는 가운데 1878년 은화를 주조하여 법화(法貨)로 정하였다. 따라서 일본은 표면적으로는 금 본위제도를 채택했지만 은화가 본원통화로 유통되는 특이한 화폐 체제를 갖게 되었다. 형식적으로 일본은 금과 은을 모두 사용하는 복수 본위 체제를 갖게 되었지만, 실제로는 은 본위제도에 가깝다. 국가자본의 축적이 진행되는 가운데 1897년 본격적인 금 본위제도를 실시하여 금화를 본원통화로 정하고 금화를 유통하게 되었다.[6]

1897년 이후 조선의 대일 금 유출이 급속히 증가한 데는 대체로 다음과 같은 몇 가지 이유를 들 수 있다. 먼저, 일본은 제국 자본주의 확대와 금 본위제도를 유지하기 위해서 국부의 원천인 금의 확보가 절실했다. 이에 따라 일본은 정책적으로 조선 산금을 흡수하는 정책을 적극 실시하여 자국 상인들에게 조선 금을 매입하기 위한 자금과 금 수송 운임을 지원하고, 금 감정을 위한 분석소를 여

5 日本大藏省 編, 『明治前期經濟史料集成』 12권(1931), 46~47쪽.
6 Laughlin, L.(1897) 참조.

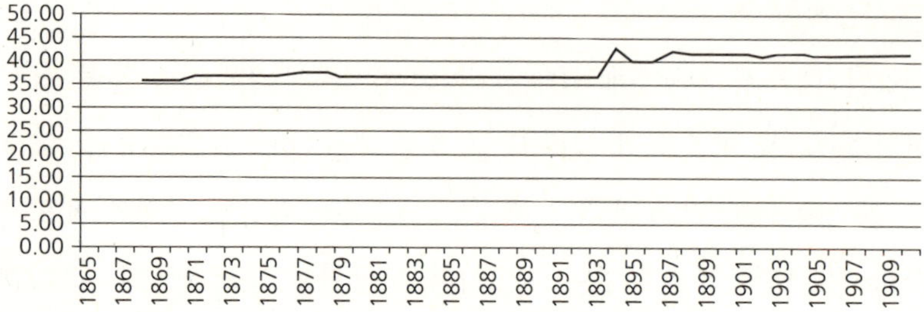

〈그림 2-1〉 1865~1910년 런던 시장의 국제 금 가격 추이(엔화/온스)
*자료: 런던 국제 금 거래소(kitco.com)

러 지역에 설치하였다. 서울 제일은행을 통해 금 매입 자금을 무이자, 무담보로 50만 엔까지 대부해 주었다. 또한, 조선에서 일본으로 금을 수송하는 운임을 할인해 주고 금을 수출하고 결제되는 기간을 기존 24~25일에서 14~15일로 단축시켜서 금융 비용을 절감시켜 주었다. 이에 따라 금 100돈을 수출하는 데 드는 비용이 종전 10엔에서 4~5엔으로 줄어들면서, 금 100돈당 5~6엔 정도의 비용을 절감하여 조선의 금을 흡수하였다. 그리고 일본은 금의 재질을 감정하기 위해 은행 대신에 금 감정사가 직접 금을 매입하는 '금 분석소'를 1900년 경성, 1904년 평양, 1906년 원산에 각각 설치하였다.[7] 이처럼 일본은 국가 정책적으로 조선의 금 수탈에 혈안이 되었다.

둘째, 이 시기 국제 금 가격이 점차 상승하여 금 수출 이익이 늘면서 조선의 금 유출이 증가했다. 〈그림 2-1〉은 1865~1910년 런던

7 村上勝彦(1973a) 참조.

시장의 국제 금 시세(엔화 표시)를 나타낸 것이다.

국제 금 가격은 미국 달러를 기준으로 표시한 것으로, 이를 엔화로 전환하기 위해 엔화/달러 환율을 곱해 주었다. 엔화 환산 국제 금 가격은 1897년 이전에 35~37엔/온스였으나, 그 후 41~42엔/온스 수준으로 상승하였다. 결국, 1897년 이후 조선의 대일 금 유출 증가는 일본의 조선 산금 흡수 정책과 더불어 국제 금 가격의 상승도 한몫한 것으로 보인다. 1897년 일본의 금 본위제도 도입 이전에는 엔화 환율이 과대평가되어서 56달러/100엔이었으나, 금 본위제도 도입 이후 엔화 가치가 금 가격에 고정되면서 엔/달러 환율은 49.4달러 수준에서 거의 일정하게 유지되었다. 1865년부터 청일전쟁이 발발하는 1894년까지 런던 시장(자료: kitco.com)에서 거래된 국제 금 가격(미국 달러/온스)은 평균 20.66달러 전후로 비교적 안정적이었다. 하지만 세계 각국이 1897년 이후 금 본위제도를 도입하면서 국제 금 가격이 20.71달러로 상승하였다.

셋째, 1897년 이후 조선의 대일 금 유출이 급격하게 증가한 것은 대일 무역수지 적자가 크게 증가한 것도 한 원인이었다. 일본은 주로 대조선 무역수지 흑자를 통해서 무역 결제 자금으로 조선의 금을 매입하여 자국으로 유출하였다. 개항 이후 근대조선의 대일 무역수지는 지속적으로 적자였다. 조선은 일본으로 미곡, 대두와 금을 주로 수출했으며, 일본에서 동, 면건, 공산품 등을 수입했다. 일본의 면건 제품은 값이 싸고 질도 좋아서 조선 면산업의 경쟁력을 약화시켰다. 흥미로운 점은 1897년부터 일본이 금 본위제도를 본격

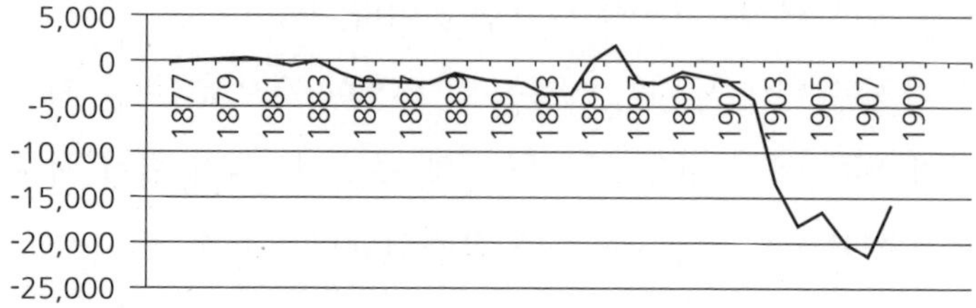

〈그림 2-2〉 1876~1910년 조선의 대일 무역수지(단위: 천 엔)

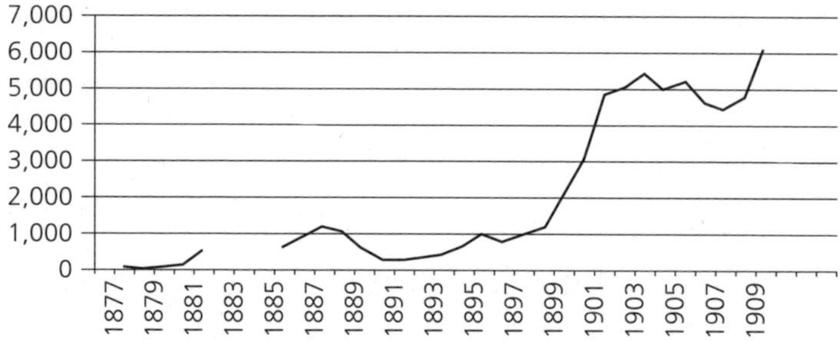

〈그림 2-3〉 1876~1910년 조선의 대일 금 수출(단위: 천 엔)

실시하면서 조선의 대일 무역수지 적자 폭이 확대되고, 조선 금의 유출이 급격히 증가했다는 점이다.

〈그림 2-2〉와 〈그림 2-3〉은 1876년 개항 이후 조선의 대일 무역수지와 대일 금 수출 추세를 보여 주는데, 두 개 그림의 추세가 정확하게 반대로 움직이고 있다.

조선의 대일 무역수지는 개항 직후 약간 흑자를 보이다가 이후 면제품의 수입 증가로 지속적인 적자를 기록하였다. 특히 1895년 청일전쟁 이후 무역수지가 악화되었으나 1897년 일본에서 금 본위제도가 본격 실시되면서 조선의 대일 무역수지 적자가 일시적으로 완화되었다. 하지만 이는 일본의 곡물 작황이 어려워지면서 조선의 쌀 수출이 일시적으로 급증한 결과였고, 1897년 이후 금 수출은 일본의 금 본위제도 도입으로 인해 급격히 증가하였다.

금 본위제도에서 국가의 금 보유량은 국부인 동시에 금 태환화폐를 발행하는 기준이 된다. 따라서 일본은 금 본위제도를 유지하고 국부를 확장하기 위해서 다량의 금을 확보해야 했는데, 주로 조선에서 금을 수입하였다. 이 시기 금은 조선의 수출품이 아니라 대일 무역수지 적자에 대해 결제 자금으로 사용된 것으로 보인다. 따라서 조선의 대일 무역수지 적자가 심각할수록 일본으로의 금 유출이 급증하는 것이다. 그에 반해 중국에 대한 조선의 금 수출은 1898년 이후 급격하게 감소하였다. 결국 1898~1909년 사이에 일본으로 금 수출이 증가한 것은 조선 전체의 금 생산량이 증가한 이유도 있지만 그보다는 중국으로의 금 수출이 감소한 것과 일본의 조선 금 수탈이 더욱 강화된 결과였다.

3. 일본의 금화

일본이 1897년 금 본위제도를 본격적으로 확대한 이후 조선으로부터 얼마나 많은 금이 유출되었는지를 확인해 보기 위해서 [표 2-2]에 일본 대장성 자료에서 발췌한 일본의 전체 금 수입액과 조

[표 2-2] 1873~1910년 일본의 금 수입액 가운데 조선 금이 차지하는 비중(단위: 천 엔)

	일본 금 수입액	조선 금 수입액	조선 금의 비중(%)
1873~1881	4,338	658	15.17
1883	1,094	1,093	99.91
1885	935	923	98.72
1887	2,419	2,207	91.24
1889	1,953	1,942	99.44
1891	643	642	99.84
1893	892	888	99.55
1895	1,586	1,586	100.00
1897	74,531	1,841	2.47
1899	57,108	3,531	6.18
1901	19,618	7,990	40.73
1903	55,539	10,212	18.39
1905	25,649	10,559	41.17
1907	43,991	10,891	24.76
1909	95,651	11,280	11.79
1910	37,537	25,898	68.99

*자료: 日本大藏省 編,『明治前期經濟史料集成』12권, 1931, 46~47쪽

선에서의 수입액 및 그 비중을 나타내었다.

[표 2-2]에 나타난 일본의 대조선 금 수입액과 [표 2-1]에 나타난 조선의 대일 금 수출액이 서로 다르다. 이는 [표 2-1]의 자료가 조선 세관의 공식 통계에서 집계된 조선의 대일 금 수출액을 나타내는 반면, [표 2-2]의 자료는 합법적인 금 수출과 공식적으로 집계되지 않은 모든 금 수출액을 합한 값이기 때문이다. 주의해야 할 점은 금 무역은 무관세여서 누락된 자료가 있을 수 있기 때문에 실제 조선의 금 유출액이 금 무역에 대한 공식 기록 액수보다 많을 수 있다는 것이다.

[표 2-2]에서 1873~1910년 동안 일본의 금 수입 총액은 1883년 109만 엔, 1895년 158만 엔에서 1897년 금 본위제 도입 이후 7453만 엔으로 거의 50배가량 급증하였다. 그 이후 1899년 5710만 엔, 1903년 5553만 엔, 1905년 2564만 엔, 1907년 4399만 엔, 1909년 9565만 엔의 추이를 보이고 있다. 일본의 금 수입 총액 가운데 조선으로부터의 수입액 비중은 1883~1895년에 90% 이상이었다가 1897년 이후 잠시 급감하였지만, 1901년부터 다시 증가하여 40%에 달하였고, 1905년 41%, 1910년 69%에 이르렀다. 일본은 국가자본을 축적하기 위해서 일본 주도 화폐개혁 등을 통해 조선에 대한 화폐적 수탈을 지속적으로 강화하였다. 1897년 이후 일본이 조선에서 수입한 금의 액수는 이전과 비교할 수 없을 정도로 급증하였다.

일본이 조선 금을 흡수하는 정책이 성공할 수 있었던 이유로 다음의 몇 가지를 생각해 볼 수 있다. 먼저, 조선은 미곡과 대두를 일본에 수출하기 위해 이들의 경작 면적을 넓히는 대신 면화 경작지를 줄임으로써 조선의 면직 수공업이 위축되면서 일본 면직물 수입이 증가하였다. 일본에서 수입되는 영국산 금건사와 시팅(sheeting) 등 수입 면제품의 경쟁력이 중국 것에 비해 월등히 뛰어났기 때문에 일본은 조선의 면직물 시장을 쉽게 장악하였다. 둘째, 조선에 철도와 도로 등 사회간접자본 시설이 확충되기 시작하면서 일본 수입 물품의 수송비를 줄일 수 있게 되었고 그 결과 일본 수입품의 경쟁력이 강화되었다. 셋째, 일본은 조선 금 흡수 정책을 성공적으로 수행하기 위해 국가적 차원에서 다양한 지원책과 전문 상인들을 활용하였다. 마지막으로, 일본은 조선의 대중국 무역을 억제하거나 외환 거래 독점을 통해서 중국으로 조선의 금이 유출되는 것을 방해하였다. 일본은 조선의 외환시장을 독점적으로 지배하기 위해서 조선 제일은행에서 무역 결제에 필요한 무역 환어음의 결제를 수행하였다. 중국 상인으로부터 조선 금을 비싸게 매입하고 그 대가로 환어음을 결제해 준 다음, 중국 상인이 그 환어음을 일본 제일은행에 제출하고 대금을 받도록 하였다. 그 결과 중국 상인의 금 거래에 대한 대금이 모두 일본의 제일은행을 통해서만 결제 가능하기 때문에 일본은 조선의 외환시장을 실질적으로 독점 지배하였던 것이다.

일본은 근대조선의 생산 자본을 장악하지 못한 상태에서 화폐침략을 통해서 조선의 금과 외환시장을 지배하였고 제국 자본의 기초를 다지는 데 적극 활용하였다. 일본은 금 본위제도를 채택한 이후 지금(地金)을 기준으로 금 정화를 발행하였다. 이때, 일본의 조선 금에 대한 수탈이 증가할수록 일본의 금화 발행량이 증가하였을 것으로 생각된다. [표 2-3]은 일본이 조선에서 금 수탈을 본격화하던 시기인 1903~1910년 동안 일본은행의 금화 발행량 변동 추세를 보여 준다. 일본의 금 정화는 국내 금 정화와 해외로부터 유입된 금 정화로 구분되며, 해외 금 정화의 대부분은 조선으로부터 유입된 것이었다.

일본의 금화 발행량은 1903년에 1억 3900만 엔이었는데, 이 가운데 일본 국내에서 조달된 금으로 발행한 금화는 1억 2000만 엔, 조선 등 해외에서 들어온 금으로 발행한 금화는 1900만 엔이었다. 하지만 조선에서 금의 유출이 가속화되는 1905년에 일본의 총 금화 발

[표 2-3] 1903~1910년 일본은행의 금화 발행량 변화(단위: 천 엔)

	일본의 총 금화 발행량	일본의 국내 금화 발행량	일본의 해외 금화 발행량
1903	139,000	120,000	19,000
1904	97,000	26,000	71,000
1905	479,000	37,000	442,000
1906	495,000	54,000	441,000
1907	445,000	44,000	401,000
1908	392,000	62,000	330,000
1909	446,000	117,000	329,000
1910	472,000	135,000	337,000

*자료: 일본은행(Bank of Japan, Historical Archives)

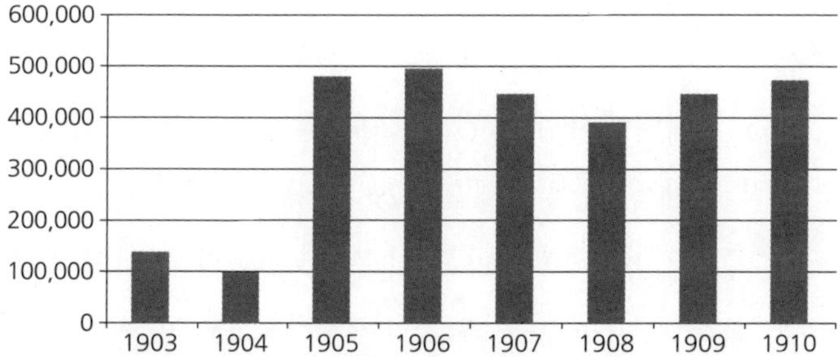

〈그림 2-4〉 1903~1910년 일본의 금화 발행량(단위: 천 엔)
*자료: 일본은행(Bank of Japan, Historical Archives)

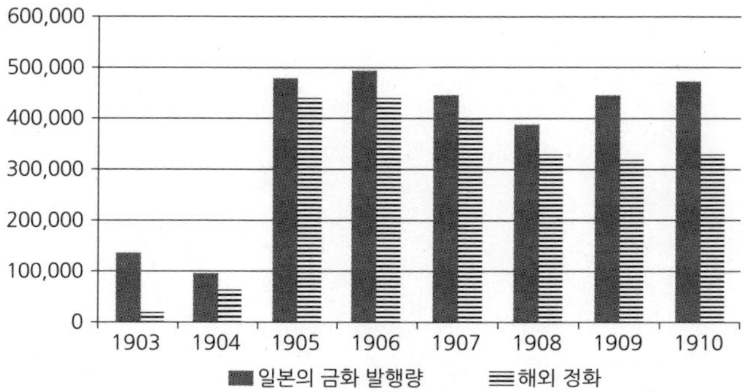

〈그림 2-5〉 1903~1910년 일본 금화 발행량과 해외 금화 발행량 비교(단위: 천 엔)
*자료: 일본은행(Bank of Japan, Historical Archives)

행량은 4억 7900만 엔으로 급격히 증가하였으며, 조선 등 해외에서 조달된 금을 사용한 금화 발행량도 4억 4200만 엔으로 급증하였다.

〈그림 2-4〉와 〈그림 2-5〉는 이 시기 일본의 금화 발행량 변동과 해외에서 유입된 금을 사용한 금화 발행량의 비중 추이를 나타낸다. 〈그림 2-4〉를 보면 일본의 금화 발행량은 1905년부터 급격히 증가하여, 그 이후 꾸준히 4억 엔을 초과하고 있다.

1903년 일본 금화 발행량을 국내와 해외 발행량으로 구분하면 국내 금화 발행량은 1억 2000만 엔이고, 해외(특히, 조선)에서 유입된 금화 발행량은 1900만 엔으로, 국내 금화 발행량이 월등하게 많았다. 하지만 1905년 해외에서 유입된 금으로 발행된 금화가 급격하게 증가해서 일본 전체 금화 발행량의 92% 이상을 차지하였다. 〈그림 2-5〉에서 흥미로운 점은 일본의 금화 발행 추이가 조선의 대일 금 수출량 변동 추이와 거의 일치한다는 것이다. 이는 일본의 금화 발행이 대조선 금 수탈을 통해서 이루어졌음을 의미한다.

광무
화폐

제3장

19세기 화폐전쟁

광무 화폐 | 제3장

19세기 화폐전쟁

일본이 주도한 화폐침략으로 근대조선에서 일본 화폐의 유통이 확대되면서 조선 화폐와 일본 화폐 간에 화폐전쟁이 벌어지게 되었다. 조선에서 유통되는 일본 화폐가 증가할수록 한전비가, 즉 조선 화폐(10냥) 기준 일본 화폐의 환율이 일본 상인들에게 유리하게 점차 하락하였다. 일본은 제국주의 확대와 금 본위제도를 유지하기 위해서 국부의 원천으로서 금의 확보가 필수적이었는데, 조선으로부터 금 수입액 비중은 1905년에 41%에 달했다. 일본이 조선 금을 싸게 매입하는 가장 쉬운 방법은 일본 화폐의 사용과 한전비가 하락이었다. 같은 금액의 일본 화폐를 사용해서 이전보다 싸게 조선 금을 매입할 수 있었기 때문이다. 또한 일본은 국가적 차원에서 금 분석소를 설치하고, 금광을 개발하는 등 정책적으로 조선의 금 수탈에 총력을 기울였다. 실제로 조선에서 한전비가 하락과 별도로 조선 금을 국제 시세보다 30% 싸게 구입하는 가격 수탈을 시도하기도 했다. 일본에서 발행된 금화 대부분이 조선의 금 유출량과 거의 일치하고 있다.

조선은 광무개혁을 통해서 1897년 대한제국을 선포하고 왕실의 친위 세력을 구축하여 왕권을 강화하고자 하였다. 광무개혁은 이 시기 혁신적인 경제 정책으로서 호구 및 토지조사사업뿐 아니라 중앙은행 설립, 금 본위제도 도입, 재정의 효율적 관리 등을 실시하였다. 광무개혁의 호구 및 토지조사사업은 인구와 토지를 정확하게 파악하여 근대적 조세 제도와 토지 제도를 도입하고 토지를 효율적으로 관리하기 위한 것이었다. 이러한 근대적 토지소유권 제도의 확립은 토지의 상품화를 촉진하였으며, 곡물 상품화와 더불어 조선에서 시장경제와 화폐경제를 심화시켰다. 한편 광무개혁의 화폐적 본질은 중앙은행 설립과 금 본위제도 도입이었다. 흥미로운 점은 이 시기 조선은 금의 생산량과 보유량이 많지 않았음에도 불구하고 금 본위제도를 선포하고 중앙은행을 도입하려 했다는 것이다.

기존 연구자들은 주로 광무개혁의 제도적인 측면에서 중앙은행 설립과 금 본위제도 도입을 연구하였을 뿐, 실제 이들이 가지는 화폐적 효과에 대해서는 거의 분석하지 않았다. 근대조선이 독립적인 제국을 실현하기 위해서 가장 중요한 조치들은 화폐적 자주성 확보와 자본 축적이었는데, 이것이 바로 중앙은행 설립과 금 본위제도 도입이었다. 중앙은행 설립은 일본 화폐의 유통 확대에 대항하는 의미에서 조선의 독점적인 화폐 발행권을 유지하려는 의도였고, 금 본위제도의 도입은 일본 제국주의 확산에 필요한 금의 유출을 막기 위한 조치였다. 광무개혁은 조선의 내재적 자본을 축적하고 재정 적자를 충당하며, 일본 제국 자본주의 확장에 대항하는 화폐저항 정책이었으나 재정 부족과 일본의 방해로 실패하였다. 광무개혁은 제도적·정치적 개혁이기보다는 일본의 조선 식민지 경제 침탈을 억제하고 대한제국을 독립적으로 세계 자본주의 체제에 편입시키려는 노력이었다. 자주적 화폐 제도를 도입하고, 그에 필요한 재원을 마련하기 위해서 재정의 효율성을 도모하고 국부 자원으로서 금의 유출을 억제하고자 했다. 기존 학계는 광무개혁의 본질을 보지 못해서가 아니라, 광무개혁의 화폐적 특성을 살펴볼 수 있는 구체적 사료가 없었기 때문에 그것의 화폐적 효과를 분석할 수 없었다.

19세기 말 근대 자본주의와 시장경제 형성 과정에서 근대적 화폐는 몇 가지 중요한 의미를 가진다. 첫째, 물물교환경제에서 화폐경제로 전환되면서 자급자족경제에서 금융과 유통이 강화되는 시장경제 체제로 편입되는 것을 의미한다. 둘째, 화폐의 가치 저장 기능으로 자본을 축적하기 시작하는 본원적 자본이 형성되는 것을 의미한다. 개항 이후 새로운 화폐 도입과 화폐개혁으로 조선은 농업경제에서 금융경제와 시장경제로 편입되어 갔다. 일본 제국주의는 국가자본주의 확장 과정에서 국가 차원의 본원적 자본을 축적하는 시스템이었다. 국가자본의 축적을 위해서는 식민지 개척이 필요했기에 처음에는 상품 유통 시장을 개척하였고, 이후 생산 원료 시장 개척으로 이어졌다. 일본 국가자본의 본원적 축적은 자국 또는 식민지에 획일적인 경제 제도 개혁을 강요하였으며, 일본 주도로 시행된 화폐개혁은 일본의 국가자본 축적을 위해 반드시 필요한 제도적 개혁이었다. 한편, 개항 후 조선의 빈번한 화폐개혁 결과 새로운 화폐에 대한 백성들의 신뢰 하락, 사주와 밀주 등으로 인한 조선 화폐 남발, 외국 화폐의 혼용 범람으로 인한 인플레이션이 반복적으로 나타났다. 조선 화폐의 신뢰 상실로 조선 화폐에 대한 수요가 급감하고 화폐 남발로 물가가 급등하는 인플레이션 현상이 나타났다. 일본은 화폐개혁을 통해 일본 화폐의 유통을 확대하였고 이를 통해 조선에 대한 식민지 시장 지배를 강화하였다. 화폐개혁 과정에서 정보가 부족한 조선 상인들은 큰 손실을 본 반면, 일본 화폐의 사용 확대로 일본 상인들은 무역과 유통에서 큰 이익을 보았고, 그 이익을 다시 토지와 곡물을 매집하는 데 투자하였다.

광무연간 일본의 화폐침략으로 나타난 물가 상승과 한전비가의 하락은 조선의 대일 무역수지 적자를 확대시켰고, 금의 대규모 유출로 나타났다. 조선과 일본의 무역은 단순히 무역수지 적자와 금 유출 이외에, 상품 무역에서 수출과 수입 가격의 부등가 교환, 금의 가격 수탈을 통한 불공정 무역으로 이어졌다. 여기에서는 19세기 말 화폐전쟁의 관점에서 광무연간 조선 화폐 남발과 더불어 일본 화폐가 어느 정도 유통되었는지 살펴보았다.

1. 일본 화폐 유통

19세기 말 조선은 근대적 화폐 제도가 없었으며 화폐와 금융시장도 경제에 뿌리내리지 못하였다. 이를 이용하여 일본은 조선 화폐제도를 근대화한다는 명목으로 자국에 유리한 방향으로 개편하여 조선 화폐에 대한 지배력을 강화하였다. 심지어 일본 상인들은 조선의 화폐 관리가 허술한 점을 악용해서 위조화폐를 제조하거나 밀수입하여 유통시키기도 했다. 조선 정부는 1883년 전환국을 설치해서 위조화폐를 억제하고 화폐를 효율적으로 관리하려고 하였으나, 재정난과 동전 원료인 동 부족 등으로 인해 성과를 거두지 못하였다.[8] 이로 인해 사람들은 조선 화폐를 신뢰하지 않게 되었고, 일본 화폐에 대한 선호도는 점차 상승하게 되었다.

일본은 본위화폐인 금화와 은화 대신 불환지폐인 제일은행권을 발행하여 사용하거나, 한전어음을 발행하였다. 제일은행권은 일본 태환권과 달리 본질적인 지금(地金)의 가치가 없는 식민지 신용화폐에 불과하였다. 일본은 금으로 태환이 안 되는 일본 제일은행권과 일본 화폐를 대량으로 유통시켰으며, 이를 통해 청일전쟁과 러일전쟁 비용을 조선이 부담하도록 하는 결과를 가져왔다. 일본은 조선의 해관세 업무를 강제로 인수받아서 일본 제일은행에 맡기고 제일은행권, 일본 화폐와 멕시코 은화, 그리고 제일은행이 발행하는 한

---

8 원유한(1968) 참조.

[표 3-1] 1865~1910년 근대조선에서 유통된 일본 화폐의 비중(%)

연도	일본 화폐 비중	비고	연도	일본 화폐 비중	비고
1867	4		1889	11	
1868	8		1890	12	
1869	12		1891	13	신식화폐조례
1870	15		1892	15	
1871	18		1893	16	
1872	21		1894	18	신식화폐발행장정
1873	24		1895	19	
1874	26		1896	21	
1875	25		1897	22	
1876	24		1898	22	
1877	23		1899	23	
1878	22		1900	22	
1879	22		1901	21	
1880	21		1902	20	
1881	20		1903	20	
1882	19		1904	21	화폐정리사업
1883	13		1905	41	
1884	10		1906	44	
1885	8		1907	53	
1886	6		1908	54	
1887	9		1909	59	
1888	10				

*자료: 『통상휘찬(通商彙纂)』, 류자후(1940), 강덕상(1967), 김준보(1972), 이석륜(1971), 오두환(1991), 김호범(1991), 장기돈(1997) 참조

전어음만 관세 비용을 수취하는 조세 통화로 지정하였다. 이로써 일본 화폐는 신뢰성이 높아졌고 유통량도 늘어났다.

[표 3-1]은 1865~1910년 조선에서 유통된 화폐량 가운데 일본 화폐의 비중을 나타내고 있다. 일본 화폐는 제일은행권과 일본 화폐(은화와 지폐)를 합하여 계산하였다.

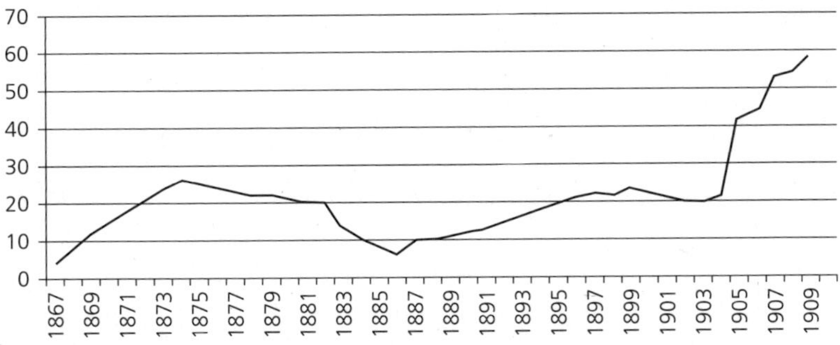

〈그림 3-1〉 1865~1910년 근대조선에서 유통된 일본 화폐의 비중(단위: %)

〈그림 3-1〉은 앞의 [표 3-1]을 그래프로 나타낸 것이다. 1867년 당백전이 철폐되고 화폐 부족으로 청전이 수입되어 사용됨에 따라 조선에서 청전의 화폐 비중은 25%까지 증가하였다. 하지만 1874년 일본의 반대로 청전의 수입이 금지됨에 따라 일본 화폐의 유통 비중은 점차 증가하여 당오전이 발행되는 1883년까지 20%에 달하였다. 이후 당오전의 남발로 일본 화폐의 유통 비중이 점차 감소하다가 1891년 '신식화폐조례'와 1894년 '신식화폐발행장정'으로 일본 화폐가 법화로 인정되면서 그 비중이 증가하였다. 하지만 조선이 재정 충당을 목적으로 백동화를 남발하면서 일본 화폐의 비중은 다시 상대적으로 감소하였고 백동화의 신뢰성이 점차 떨어지자 일본 화폐의 수요는 또다시 증가하였다. 일본 화폐는 무역 거래의 결제 자금인 동시에 국내적으로 임금 지급과 조세 납부에도 사용되면서 사람들의 선호도가 더욱 증가하였다. 일본 화폐의 비중은 1903년 20% 수준이었다가 1904년 '화폐정리사업' 시행 이후 조선의 백

동화와 한전들이 본격 환수되면서 그 비중이 40% 이상으로 급등하였으며, 1909년에는 59%에 달하였다. 이처럼 일본은 정치적·군사적 지배에 앞서 조선의 자주적 화폐개혁을 방해하고는 자신들에게 유리한 방향으로 자국 화폐의 사용 비중을 점차 늘려 가며 조선의 화폐경제를 장악했다.

근대조선에서 일본 화폐의 비중이 20% 이상을 차지했다는 것은 식민지 경제를 지배하는 측면에서 상당히 중요한 의미를 가진다. 현대 경제학에서는 시장 지배력을 측정하는 방법으로 시장 독점력 지수(Lerner Index)를 개발하였다. 시장 지배력이란 어느 기업이 시장가격을 통제하여 결정할 수 있는 독점력을 말한다. 일반적으로 기업이나 국가의 시장 지배력 또는 점유율이 10% 이상이 되면 시장 독점력이 있다고 정의되며, 이 경우 시장가격을 통제하거나 결정할 수 있는 독점적 위치에 있다고 말할 수 있다. 즉, 조선의 경제와 시장에서 일본 화폐의 비중이 20% 이상 되면서 일본은 조선에서 한전에 대한 가치 결정력과 시장 지배력을 가지게 되었던 것이다. 일본은 자국 화폐의 통제와 조절을 통해서 조선 화폐 대비 한전비가를 조정하였으며, 시장가격을 통제할 수 있었다. 또한 일본 주도 화폐침략은 일본 화폐의 유통을 확대함으로써 조선에서 토지 매입을 통해 일본 화폐의 토지 자본화 현상을 가져왔으며, 대외적으로 조선 화폐 남발을 통해 한전비가를 하락시켰다. 조선 화폐의 가치 하락과 물가 급등은 소농민이나 임금 노동자의 생활고를 불러왔을 뿐 아니라, 조선 상인이나 조선 자본가의 자산 가치를 떨어뜨려 조선 경제의 궁핍화를 초래했다.

2. 화폐전쟁과 비가

역사학계는 근대조선에서 일본 화폐의 유통 확대가 상거래 교환수단으로서 조선의 유통시장을 지배하고 조선 경제의 식민화를 심화시켰다고 주장하였다. 근대조선에서 일본 화폐가 실제로 유통된 사례를 찾아보기 위해서 19세기 말 『심원권 일기』와 경상도 예천 『박수조 일기』 등 양반 일기와 사료를 참조하였으나, 일상생활에서 사용된 화폐는 대부분 한전이었다. 따라서 일본 화폐는 일상생활에서보다는 무역 결제 통화, 조세 통화, 정부 관리의 월급 화폐 등 정부가 주도하는 거래에 주로 사용된 것으로 보인다. 따라서 일본 화폐의 유통 확대가 근대조선의 경제에서 가지는 성격을 파악하기 위해서는 일본 화폐의 유통량도 중요하지만, 직접적으로 한전비가를 통한 미곡과 금의 수출 가격 변동을 살펴보는 것이 보다 적절한 접근 방법이다.

1876년 개항 이후 일본 상인이 조선에서 쌀을 매입하여 유통하는 과정은 다음과 같이 몇 가지 방법으로 정리할 수 있다. 첫째, 선대금을 주고 객주를 활용하여 미곡을 여러 가지 운송 방법으로 개항장으로 매집하였다. 선대금을 주고 곡물을 매입하는 행위는 토지 소유권이 없는 외국인이 곡물을 수집하는 효율적인 방법이며, 토지 소유권을 대체할 수 있는 대안이었다. 1897년 부산항에서 호조를 받아서 이동이 자유로운 일본인은 138명이었으며, 이 중 108명이 상인이었다. 즉 부산에 거주하던 일본인은 거의 상업 활동을 목적으로 조선에 온 것이었다. 일본 상인은 해관세와 각종 세금이 면제되어 조선 상인보다 유리하였다. 일부 지방관은 지역 객주를 보호하기 위해 개항지에서 25객주 제도를 실시하였다. 25객주 제도는 개항지마다 객주의 숫자를 25개로 한정하여 이들에게만 독점적으로 유통을 허용하는 제도였다. 둘째, 일본인이 직접 토지를 매입한 다음, 조선인에게 소작을 주고 직접 미곡을 생산하였다. 셋째, 입도선매를 통해 농가에 대금을 주고 생산량과 관계없이 궁박 판매를 강요하거나, 돈을 빌려주고 소농민의 토지를 수탈하는 일도 자주 발생하였다. 넷째, 조세의 금납화와 외획 제도를 활용하여 지방관과 결탁하여 중간상인을 통해 쌀을 매집하였다. 사람들은 조세의 금납을 위해서 가을에 수확한 미곡을 시장에 내다 팔아서 현금으로 환전하였는데, 이때 정부, 은행, 상업적 금융 매개 기관이 필요하였다. 1899년부터 1905년까지는 조선의 민간은행인 대한천일은행, 조선은행과 한성은행을 통해 세금을 납부하였으나 일본의 항의로 다시 지방 행정관을 통해 세금을 납부하게 되었다. 이 기간에는 독자적인 재정을 바탕으로 하는 조선 자체의 국고 은행이 없었고, 대신 일본 제일은행이 조선 식민지 금융 은행으로서 세금 수납을 담당하고 국가 금고의 역할을 하였다.

조세의 금납화는 정부 조세를 미곡 등 실물상품 대신에 금전으로 납부하는 제도인데, 조세 납부 기한이 매년 10월과 1월로 미곡 추수기와 일치했다. 따라서 곡물 수확기에 농민은 세금을 마련하기 위해서 곡물을 팔아서 동전을 구입하였다. 그 결과 곡물 거래가 늘면서 곡물의 상업화가 이루어지는 긍정적인 결과도 있었지만, 반대로 수확기 미곡 가격이 하락하고 동전은 귀해졌다. 지방관들은 추수기 미곡 가격이 하락할 때 조세를 돈으로 수취한 것으로 하고, 실제로는 저렴해진 쌀로 수취한 다음 이를 이듬해 춘궁기에 다시 팔아서 차익을 남겼다. 또한 추수기에 조세의 금납으로 동전 수요가 증가하면서 동전이 귀해지고 한전비가도 상승하는데, 지방관과 상인이 결탁해 공전 세금을 활용하여 값이 싸진 미곡을 매입한 후 일본으로 수출하여 이윤을 얻었다. 또 다른 방법으로서 한전비가가 낮은 시기에 대금을 미리 치른 후 수확기에 쌀을 현물로 싸게 구입하여, 한전비가를 이용한 환 이익과 추수기에 쌀을 저렴하게 구입한 데 따른 유통 이익을 동시에 얻기도 했다.

한편, 미곡 가격이 급등할 때 가격 안정화 정책으로서 지방관이 미곡 유통을 일시적으로(보통 3~6개월) 금지하는 방곡령을 실시하였다. 하지만 방곡령으로 미곡 유통이 억제될 때 지방관이 일본 상인과 결탁하여 미곡의 가격 차이를 이용해 상업적 이익을 추구하기도 하였다. 일본 상인은 지방관 또는 지역 객주와 결탁하여, 한전비가 하락 이외에 미곡의 저장과 유통 과정에서도 많은 이익을 남겼다. 특히, 일본 상인은 조세의 금납화와 외획 제도에서 지방관과 결탁하여 공전을 사용한 미곡의 유통과 무역에서 많은 이익을 가져갔다. 19세기 조선에서는 농민이 지방관인 군수에게 조세를 납부하면, 군수가 그것을 중앙정부로 이송하였다. 즉 지방관이 행정 관리, 조세 및 사법권을 모두 총괄하는 체제였다. 하지만 지방관은 국고 재정 운영, 조세 금납화, 화폐 발행권과 유통 등 금융 제도와 화폐 시장에 대한 지식이 거의 없었다.

조선의 전통적인 금융 제도로는 고리대, 외획 제도, 어음과 객주 제도, 족계와 공계 등이 있다. 외획은 지방 군수가 정부의 허가를 받아서 징수한 지방세를 국고에 납부하기 전에 정부가 지급할 의무가 있는 제3자에게 직접 급부하고, 그 차익만 중앙으로 이송하라는 정부의 명령서이다. 외획 제도는 국가가 상인에게 일시적으로 자금을 융통한 후 중앙정부가 지방관에게 지방 세수 일부를 자금을 빌린 상인에게 직접 납부하게 하거나, 지방관청에서 긴급히 지출해야 할 경비, 중앙관리의 지방 출장 경비 등 국고에서 지급할 자금을 지방관이 대신 지급하도록 한 제도이다. 지방관은 세금을 거둔 후에 국고에 납부하는 대신 지방에서 수취해서 국고로 보낼 자금을 대신 사용하였다. 또한 지방에서 군수들이 세금으로 금전을 거둔 후에 중앙으로 이송해야 하는데, 동전의 무게가 무거워서 운반 비용이 전체 세수입의 15%를 넘었다. 하지만 외획 제도를 활용함으로써 지방의 조세 지출을 효율적으로 관리할 수 있었으며, 외획을 통해서 조세 관리를 크게 개선할 수 있었다.

일본 상인은 조선 객주를 통해 수출 상품인 쌀과 대두, 금을 매집하였는데, 무역이 확대되면서 일본 화폐를 환전할 수 있는 외환시장도 확대되었다. 일본 상인은 수입 공산품을 조선 객주를 통해 지방에서 판매하고 한전으로 대금을 받은 다음, 이를 금으로 바꾸거나, 한전 수탁소로 가지고 가서 한전어음이나 일본 화폐로 바꾸어서 본국으로 송금하였다. 수입 무역에만 종사하던 중국 상인은 중국 화폐를 교환하는 외환 교환소가 없어서 환 결제를 거의 사용하지 않는 대신, 주로 한전을 금으로 바꾸어서 조선에서 금을 유출하였다. 일본 상인은 조선의 미곡과 금을 일본으로 수출하고 일본 화폐를 받아서 다시 조선에서 한전으로 바꾸었다. 한전비가가 하락할수록 같은 일본 화폐를 더 많은 한전으로 바꿀 수 있었으며, 조선 객주를 통해서 지방에서 쌀과 금을 매입하여 다시 일본으로 수출하고 일본 화폐를 받았다. 일본 상인을 통해 일본 화폐를 받게 되는 객주는 다시 수입 상품을 구입하였다. 결국 일본 상인의 거주지(조계지)가 개항지 근처로 제한되더라도 중간객주와 무역을 통해 일본 화폐의 유통은 계속 확대되었다.

개항 이후 조선 상인은 기존 객주나 보부상 제도를 통해 구축한 유통 자본을 독립적인 무역 자본으로 발전시키지 못하고 무역을 주도하고 있던 일본과 중국 상인에게 종속된 하청 유통업자로 전락하였다. 특히 교통과 물류, 체신 시설의 발달로 전국적으로 유통시장이 확대되었고 무역을 통해 자본을 축적한 일본 상인들은 조선에서 수출 상품 가공, 수입 대체품 생산을 확대해 갔으며, 산업자본을 형성하였다. 일본 상인은 무역업에서 시작해 해운업, 금 광산업, 수산업, 은행업, 창고업 등으로 진출하며 산업 영역을 확대하였다.

여기에서는 조선과 일본의 화폐전쟁 과정을 파악해 보기 위해서 일본 화폐의 유통 확대가 한전비가에 미치는 효과를 확인해 보았다. 흥미로운 점은 일본 주도 화폐침략으로 일본 화폐의 유통이 확대되면 외환시장에서 일본 화폐의 가치는 하락하고 한전비가는 상승해야 하지만, 실제로는 오히려 한전비가가 하락했다는 사실이다. 이 같은 결과는 일본 화폐의 공급 측면보다는 법정화 허용, 조세 통화로서의 사용 확대를 통해 일본 화폐에 대한 선호가 증가했기 때문이다. 이와 함께 조선의 빈번한 화폐개혁으로 조선 화폐가 남발되고 신뢰가 무너지면서 한전 가치가 더욱 하락한 것으로 보인다. 이 점을 보다 명확하게 설명하기 위해서 한전비가와 일본 화폐의 유통 비중을 비교해 보았다.

1883년 일본 제일은행이 해관세 업무를 맡기 시작하면서 제일은행권, 일본 화폐, 멕시코 은화, 제일은행의 한전어음만을 세관의 지정 통화로 사용하였다. 외국 화폐가 급증하고 당오전이 남발되면서 당오전 가치는 폭락하고 한전은 동의 원료로 매매되기 시작하였다. 당오전을 싸게 매입한 후 공식 가격으로 세금을 납부하는 경우도 많아서 당오전을 세금으로 수취한 정부는 재정수입이 악화되었다.

하지만 이런 상황에서도 주전 차익을 노린 세력이 당오전을 남발하면서 물가는 급등하고 당오전 가치는 더욱 하락하는 악순환이 초래되었다. 1892년 당오전 가치는 30% 이상 급락하였고, 물가 상승과 재정 궁핍은 가속화되었다. 1894년 일본은 청일전쟁의 승리로 조선의 식민지배 주도권을 확보하였는데, 문제는 청일전쟁의 비용을 충당하기 위해서 대규모 일본 지폐를 유통시켰다는 점이다. 이로 인해 일본 화폐 대비 한전비가가 잠시 상대적으로 상승하는 추세를 보였다. 한전비가는 청일전쟁 당시 15할~25할 사이에서 변동하다가 청일전쟁이 끝난 후 20할로 안정적으로 유지되었다. [표 3-2]는 1876~1905년 상평통보(한전 또는 엽전), 당오전과 백동화의 비가를 표시한 것이다. 한전비가는 조선 화폐 1관(10냥)당 일본은화 2엔을 법정 기준(20할)으로 하여 시장에서 거래되는 한전과 일본 화폐의 교환 비율을 말한다. 한전비가와 당오전비가는 10냥=2엔(20할)을 기준으로 하였으며, 백동화는 1매=2전50문이므로 40매=10냥=일본 화폐 2엔(20할)을 기준으로 하였다. 특히 부산 지역의 상평통보비가에 대한 자료가 많아서 시계열적으로 잘 정리할 수 있는데, 이곳은 개항 이후 가장 많은 일본인들이 거주했던 지역이다.[9]

개항 초기(1876~1881) 상평통보(엽전)는 동전 재질이 양호해서 한전비가가 30할 가까이 상승할 정도로 일본 화폐에 비해 가치가 높았다. 하지만 1883년 당오전이 남발되면서 한전비가가 급락하여 15할에 이른다. 그 이후 20할까지 상승하였으나 1894년 백동화가 남발되면서 1905년 화폐정리사업 때까지 한전비가는 지속적으로 하락하였다. 이처럼 한전비가의 변동을 통해 일본 화폐를 기준으로 조선 화폐의 남발 정도를 측정할 수 있다.

〈그림 3-2〉는 1883~1894년 당오전비가와 조선에서 유통된 일

9 부산의 한전비가와 미가의 관계를 연구한 논문은 정용석(2006) 참조.

[표 3-2] 1876~1905년 한전(엽전), 당오전, 백동화의 비가(20할 기준, 10냥=2엔(20할))

	한전(부산)비가(할)	당오전(경인)비가(할)	백동화(경인)비가(할)
1876	15.2		
1877	15.7		
1878	16		
1879	24.5		
1880	28.8		
1881	29.42		
1882	27.23		
1883	26.68	14.81	
1884	18.96	11.28	
1885	17.1	7.44	
1886	15.2	5.33	
1887	15.7	5.96	
1888	15.2	7.46	
1889	15	6.62	
1890	19.6	5.51	
1891	19.2	3.98	
1892	16.2	3.25	
1893	14.4	3.72	
1894	22.1	3.49	
1895	21.5		
1896	21.3		
1897	21.8		
1898	16.7		18.3
1899	18.4		17.88
1900	17.8		16.16
1901	15.2		12.26
1902	14.8		11.22
1903	14.2		8.85
1904	17.45		9.83
1905	18.84		9.95

*자료: 『통상휘찬』에서 발췌

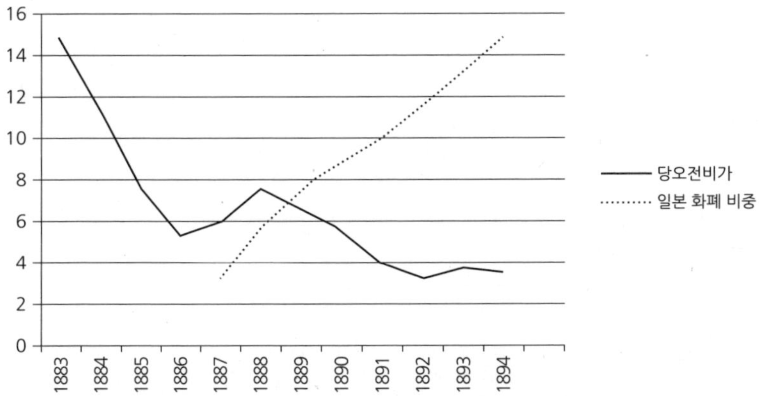

〈그림 3-2〉 1883~1894년 당오전비가와 일본 화폐 비중(20할 기준: 한전 10냥=1관=2엔, 원)

본 화폐의 비중을 나타낸 그래프이다. 1883년에 당오전비가는 일본 화폐 기준 20할보다 조금 낮은 15할 정도였지만, 1891년이 되면 3.98할까지 급락한다. 이에 반해 1891년 상평통보비가는 19.2할로서, 당오전 가치의 5배에 달한다. 이는 당오전 발행량이 상평통보에 비해 절대적으로 급증했으며, 당오전의 재질이 그만큼 열악했다는 의미이다.

그림을 보면 당오전비가 하락이 당오전 남발 자체만이 아니라 일본 화폐량과도 관련이 있다는 것을 확인할 수 있다. 특히 일본 화폐의 비중이 증가하면서 당오전의 비가는 급락하고 있다. 당오전비가 하락은 당오전 남발로 인해 안정적인 자산으로서 일본 화폐의 선호 증가와 인플레이션 때문에 나타난 현상이었다. 또한 대일 무역 규모가 확대됨에 따라 결제 수단으로 일본 화폐를 선호하는 경향이

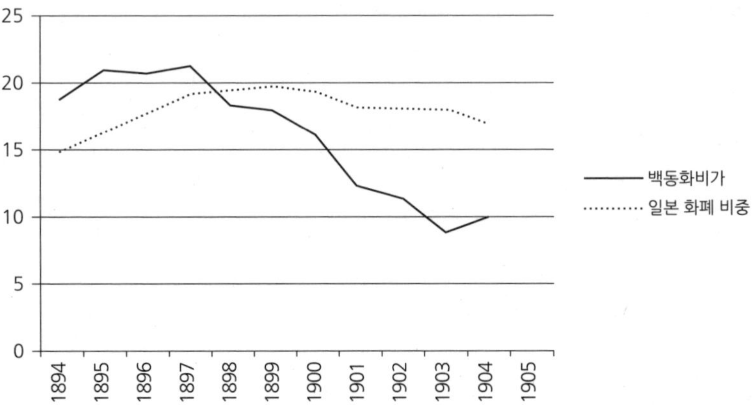

〈그림 3-3〉 1894~1904년 백동화비가와 일본 화폐 비중(20할 기준: 한전 10냥=1관=2엔, 원)

커지면서 당오전비가는 더욱 하락하였다.

〈그림 3-3〉은 일본 화폐의 비중과 백동화비가의 관계를 나타낸 그래프인데, 여기에서도 일본 화폐의 비중이 증가할수록 백동화비가는 하락함을 확인할 수 있다. 1897년 이전까지 20할 이상을 유지하던 백동화비가는 백동화의 발행이 급증하는 1898년부터 급격히 하락하였다.

1898년 18.3할, 1899년 17.88할이었던 백동화비가는 점차 하락하여 1903년 8.85할, 1904년 9.83할, 1905년에는 9.95할로 급락하였다. 백동화 가치가 1899년에 비해 거의 절반 수준으로 떨어진 것이다. 백동화 가치가 급락하자 일본 상인들은 백동화 수취를 거부하고 가치가 하락한 백동화의 환수를 조선 정부에 요청하였다. 이에 따라 조선 정부는 1904년부터 화폐정리사업을 시행하였고, 이듬해인 1905년 7월부터는 백동화를 본격적으로 환수하기 시작했다. 그러자 1905년 6월에 6~7할 수준까지 떨어졌던 백동화비가는 1905년 7월부터 다시 안정적으로 상승하여 10할에 도달하였다. 결국 1892~1904년의 백동화비가 하락은 백동화 남발과 더불어 일본 화폐에 대한 선호 증가로 인한 결과였던 것이다.

일본의 대조선 화폐침략으로 일본 화폐의 유통은 확대되었고, 일본 화폐에 유리하게 한전비가는 하락하였다. 이 같은 화폐침략의 결과는 일본 상인들에게 보다 저렴한 가격으로 미곡과 금을 수탈할 수 있는 기회를 제공했다.

3. 화폐저항

1897년 광무개혁의 화폐적 특징은 국제 금 본위제도와 제국주의의 확산이었다. 19세기 세계 선진국들은 금 본위제도를 도입하였고, 무역 및 국제 결제 수단으로서 금화 또는 금 태환권이 사용되었다. 국제 금 본위제도에서 금(은)은 그 자체가 교환 수단으로서 화폐이며, 무역 결제 수단이었다. 세계 선진국들은 금(은)을 바탕으로 자국 화폐를 발행하였기에 어느 한 국가의 화폐 발행량이 자국이 보유한 금(은)의 양과 정확하게 일치하는 금 본위제 게임 규칙(game rule)을 가지고 있었다. 국제무역에서 결제 수단이 된 영국 제국의 파운드화, 미국 달러, 멕시코 달러 등은 모두 금화로서, 국제 금 본위 수단으로 사용되었다. 따라서 이 시기 국제 금(은)의 이동은 국가 간 화폐 이동과 같은 효과를 가지며 제국과 식민지의 화폐량을 변화시킨다. 국제 금 본위제도에서 제국의 화폐량 변화는 제국과 식민지의 환율 변동을 통해서 식민지 경제에 침투하는 효과가 있다. 특히 국제 금 본위제도와 더불어 선진국들은 산업혁명 이후 대량 생산된 상품을 식민지 시장 개척을 통해 수출하고, 필요한 원료를 공급받았으며 제국주의 자본을 축적해 갔다.

근대조선에 대한 기존 연구는 국제 금 본위제도의 화폐적 특징을 파악하지 못해서, 일본 화폐의 유통 확대와 화폐개혁에 대한 성격을 제대로 이해하지 못했다. 특히 금의 유출을 단순히 실물 무역 측면에서 상품 수출로만 파악하여 금 본위제도에서 금의 화폐적 성격을 고려하지 못했다. 또한 학계에서는 근대조선에서 일본 화폐의 유통을 조선의 유통 지배 과정으로, 화폐개혁을 화폐 제도의 근대화 과정으로 파악하고 있다. 화폐개혁의 경제적 파급 경로는 시대적 여건에 따라 서로 달랐다. 1894년 신식화폐발행장정의 경우는 조선 화폐의 남발과 일본 화폐의 양적 확대, 한전비가 하락을 통한 미곡과 금의 무역 수탈이었다. 1904년 화폐정리사업의 경우는 조선 화폐의 환수와 일본 화폐의 법정화를 통한 내부적인 금융 수탈이었다. 두 화폐개혁의 작동 경로는 서로 다르지만 일본 화폐의 양적 확대와 금의 유출을 통해 조선의 무역과 금융을 화폐적으로 수탈하는 것이 공통의 목적이었으며, 결국 일본 제국주의의 확대 과정이었다. 19세기 말 일본의 조선 식민화는 정치적·군사적 식민화가 아닌 화폐적 식민화였다.

광무개혁이 추진한 금 본위제도 도입과 중앙은행 설립은 일제의 조선 식민화 과정에서 본질적으로 중요한 의미를 가지고 있다. 급변하는 세계 정세 속에서 중앙은행의 설립과 금 본위제도의 도입은 식민지사적 측면에서 보면 일본 주도의 화폐개혁에 대항하는 화폐적 저항 노력이었다. 중앙은행 설립은 화폐의 발행과 통제를 통해 자주적 화폐 주권을 지키려는 노력이었으며, 금 본위제도 도입은 국부인 금을 확보하여 해외로의 금 유출을 억제하는 측면이 강했다. 중앙은행을 통한 화폐의 자주적 발행과 통제는 지금(地金)의 확보와 더불어 금 본위제도를 유지하는 또 하나의 축이었다.

하지만 이러한 대한제국의 노력은 재정 부족과 일본의 집요한 간섭과 방해로 실패하였고, 그러는 사이에 일본은 조선의 화폐 제도를 자신들에게 유리한 방향으로 바꾸어 놓았다. 일본이 개입한 화폐개혁은 조선 화폐 남발로 인한 인플레이션과 조선 화폐의 신인도 추락, 그로 인한 한전비가 하락과 일본 화폐의 유통 확대라는 과정을 통해 일본의 조선 경제 침탈을 가속화시켰고, 이로 인해 대부분의 조선 계층, 특히 농민과 임노동자, 소상인들의 실질자산 가치가 감소하면서 조선 경제는 몰락의 길을 걷게 되었다. 이런 상황에서 실질 세수 감소로 재정이 악화된 조선 정부가 이를 만회하기 위해 조세를 지속적으로 인상하자 백성들의 어려움은 극에 달하게 되었다. 일본의 화폐침략의 과실(果實)은 고스란히 일본 상인들에게 돌아갔다. 한전비가 하락으로 금과 미곡 같은 주요 상품을 저렴하게 구입하여 일본으로 수출할 수 있게 된 일본 상인들은 막대한 유통·무역 이익을 거두었다.

조선 화폐의 가치 하락을 잘 파악할 수 있는 지표로는 한전비가의 하락과 일본 화폐의 유통량 증가 비율을 들 수 있다. 광무연간 조선의 화폐량 가운데 일본 화폐의 유통 비중은 점차 증가하여, 당오전이 발행되는 1883년에는 30% 정도에 달하였다. 이후 당오전과 백동화 남발로 인해 상대적으로 일본 화폐의 유통 비중은 점차 감소하였지만, 1903년까지는 20% 수준을 유지하였다. 하지만 1904년 화폐정리사업 이후 조선의 한전과 백동화가 본격적으로 환수되면서 그 비중은 40% 이상으로 다시 급등하였다. 조선의 화폐경제에서 일본 화폐의 비중이 20% 이상이었다는 것은 일본이 조선의 시장가격을 통제하거나 결정할 수 있는 독점적 위치에 있었다는 것을 의미한다. 결국 일본 주도의 화폐개혁은 일본 화폐의 유통 확대를 통해 대내적으로는 조선의 유통 시장 침투를 심화시켰으며, 대외적으로는 한전비가의 하락을 유도하여 일본 상인들이 금과 미곡 같은 주요 상품을 보다 저렴하게 구입하여 대량으로 유출할 수 있도록 해 주는 결과를 초래했다.

제국 자본주의를 확대하고 금 본위제도를 유지하려던 일본으로서는 국부의 원천이 되는 금의 확보가 필수적이었다. 일본은 조선과의 무역뿐 아니라 국가 정책적으로 금 분석소를 설치하고 광산을 개발하는 등 조선의 금을 수탈하는 데 총력을 기울였다. [표 2-2]를 보면, 이 시기 일본의 금 수입 총액은 1883년 109만 엔, 1895년

158만 엔이었는데, 금 본위제를 본격 도입한 이후인 1897년에는 수입 총액이 7453만 엔으로 거의 50배 이상 급증하였다. 1904년 일본의 금 수입에서 조선이 차지하는 비중은 수입액 기준으로 41%였다. 제2장에서 살펴보았듯이, 일본의 금화 발행량 추세가 조선의 대일 금 수출량 변동 추세와 거의 일치하고 있다. 이는 일본의 금 정화량 증가가 대부분 대조선 금 수탈을 통해 이루어졌음을 의미한다.

광무
화폐

제4장
인플레이션의 시대

광무 화폐 | 제4장

인플레이션의 시대

화폐와 화폐 제도의 발전 과정은 한 국가의 경제발전 과정과 일치한다. 조선은 유럽과 중국 등에 비해 비교적 늦은 1678년에 명목화폐인 상평통보를 본격적으로 주전하여 유통시켰다. 하지만 19세기 중반까지 항상 상평통보의 공급이 부족한 전황 현상이 나타났다. 이는 동전의 원료가 되는 동을 일본으로부터 수입하면서 수입 제약이 존재했으며, 상행위에 대한 부정적인 시각으로 동전 주전이 원활하지 못했기 때문이다. 19세기 조선은 농업경제 체제였으며, 미곡과 면포 등 상품화폐가 사용 가치와 편리성으로 시장에서 화폐를 대체하여 유통되었다. 19세기 시장의 발달이 여전히 더뎠지만 보부상, 객주, 여객이 출현하여 지역의 교통 요충지를 거점으로 상품시장도 점차 유기적으로 통합되어 갔다.[10] 한편, 19세기 초 극심한 천

10 이영훈(2004) 참조.

재지변과 경제 침체로 민란이 자주 발생했으며, 정부의 재정은 고갈되었고, 백성에게 부과되는 부세는 점차 과중하게 증가하였다. 과중한 부세와 높은 지대로 토지를 버리고 이탈하는 빈농들이 많아지면서 정부의 주요 세금 재원인 농민층이 와해되고 있었다. 정부의 재정을 충당하기 위한 동전의 주전도 주전 차익이 작고 주전 비용은 높아서 원활하지 못했다. 시장 발전과 중앙정부의 기능이 여전히 열악했던 조선은 국제무역의 개념조차 인지하지 못했다. 하지만 1876년 강제적으로 맺어진 한일수호조약(강화도조약)으로 외국과의 무역을 허용하면서 개항이 되었다. 개항 이후에는 외국 무역이 증가하면서 외국 화폐가 범람하였으며, 조선 화폐도 상평통보뿐 아니라 당오전, 평양전, 백동화 등이 관주 이외에 개인이 주전하는 사주와 밀주로 무질서하게 발행되었다. 동전을 보유한 상인과 일반 백성들조차도 자기가 보유하고 있는 화폐의 진정한 가치를 헤아릴 수 없었다.

여기에서는 1865~1910년 근대조선에서 단행된 일곱 차례 화폐개혁의 내용을 살펴보고 화폐개혁과 일본 화폐의 유통 확대로 나타난 화폐적 혼란을 설명하고자 한다. 또한, 조선 화폐가 남발되면서 나타난 인플레이션과 그것이 조선 경제에 미친 화폐적 효과를 살펴보고자 한다. 근대조선의 화폐개혁에 대한 내용들은 다른 역사서에서도 제도적 관점에서 중복적으로 다루고 있는 내용이어서, 여기에서는 화폐적 사건을 위주로 간략하게 정리해 보았다.

1. 화폐 혼란

화폐개혁은 화폐 단위를 변경하거나 새로운 통화를 발행하거나, 또는 옛날 화폐를 환수하는 화폐 정책을 말한다. 개항 이후 1876~1910년 사이 조선에서는 짧은 기간에 모두 일곱 차례에 걸쳐 빈번하게 화폐개혁이 이루어졌다. 일본이 주도적으로 개입한 화폐 개혁은 1891년 신식화폐조례, 1894년 신식화폐발행장정과 1904년 화폐조례칙령, 즉 화폐정리사업이다. 1894년과 1904년은 각각 일본이 청나라, 러시아와 전쟁을 수행하던 시기였다. 따라서 일본 주도 화폐개혁은 일본 불환지폐의 유통을 확대해서 청일·러일전쟁 경비를 조선에서 조달하려는 목적과 밀접하게 관련되어 있다. 1891년의 신식화폐조례는 조선이 주도적으로 근대적인 화폐 제도를 도입하기 위해 실시한 개혁으로 알려져 있지만, 사실 조선에서 일본 화폐의 유통을 법적으로 허용한 것이다. 조선의 빈번한 화폐개혁은 새로운 조선 화폐에 대한 백성들의 신뢰를 하락시켰고, 정부의 공식적인 화폐 발행 이외에 몰래 개인적으로 만든 사주와 밀주 등으로 조선 화폐가 남발되었다. 개항으로 무역이 전개되면서 중국 청전, 일본 화폐, 미국 달러와 멕시코 달러 등 외국 화폐도 범람했다. 조선의 화폐에 대한 신뢰 상실로 조선 화폐 수요가 급감하고 화폐 남발로 물가가 급등하는 인플레이션 현상이 나타났다. 일본은 주도적으로 화폐개혁에 개입하여 조선 화폐의 가치를 떨어뜨리고, 대신 일본 화폐의 유통을 확대하였다. 일본 화폐의 사용이 확산되면서 일본은 조선의 경제와 유통을 지배하기 시작하였다. 빈번한 화폐개혁으로 동전 가치에 대한 정보가 부족한 조선 상인과 백성들은 큰 손실을 보았지만, 반대로 화폐개혁에 대한 정보를 잘 알고 있었던 일본 상인은 조선 화폐에 비해 가치가 오른 일본 화폐를 사용하여 무역 이익과 유통 이익을 축적하기 시작했다. 조선 화폐의 남발과 일본 화폐의 유통 확대는 19세기 화폐전쟁의 시작점이었다.

이처럼 조선에서 다양한 화폐가 유통·사용되고 남발되면서 조선의 화폐경제는 무질서해졌다. 화폐경제의 무질서가 조선 경제에 어떠한 형태로 영향을 미쳤는지 살펴보아야 하지만, 이 시기 화폐 발행을 체계적으로 관리하는 기관이 없어서 정확한 화폐 자료를 찾을 수 없었다. 조선의 화폐개혁이 경제에 미친 효과를 파악하기 위해서 제일 시급한 과제는 무질서한 화폐량을 추정해서 일관적으로 정리된 화폐량 자료를 만드는 것이다. 왜냐하면 조선의 경제, 무역, 물가, 금융 등 광무개혁의 경제적 성과들을 파악하기 위해서라도 이들과 밀접한 화폐 자료의 구축이 필요하기 때문이다. 따라서 이 책에서는 화폐 남발과 혼란 가운데서 화폐량을 추정하는 데 도움이 되는 역사적 사실과 자료를 모으는 작업을 시도하였다.

한 국가의 경제를 손쉽게 통제할 수 있는 방법은 화폐를 통제하는 것이었다. 일본이 주도한 화폐개혁으로 조선 경제를 지배한 경로는 조선 화폐 남발과 한전비가 하락, 그리고 일본 화폐의 유통 확대였다. 근대조선에서 일본 상인에 의해 제시된 한전비가는 1891년 신식화폐조례에 의해 제시된 법정 한전비가를 기준으로 시장에서 한전비가가 얼마나 하락했는지를 보여 준다. 예를 들어, 법정 한전비가는 국제무역통화로서 조선 은화 5냥(표준통화)당 일본 은화 1엔(20할), 또는 조선 은화 10냥당 일본 은화 2엔(20할)을 기준으로 하고 있다. 시장에서 한전비가가 15할로 하락했다면 조선 은화 10냥에 일본 은화 1.5엔(15할)이며, 이는 조선 화폐의 가치 하락 또는 일본 화폐의 가치 상승을 나타낸다.

1865년부터 1910년까지 조선의 화폐개혁과 발행된 화폐를 연도순으로 간략하게 정리해 보았다. 이 시기 화폐개혁과 남발을 자세하게 살펴보면 그 짧은 시간에 발생했다고 믿어지지 않을 만큼 빈번한 화폐개혁, 화폐적 충격과 혼란이 생생하게 담겨 있다.

1866년 당백전 발행과 청전 수입

대원군의 집권으로 왕실의 재정과 경비 충당, 왕실의 권한을 강화하기 위해 최초의 고액전인 당백전을 1600만 냥 발행하여, 한성 및 수도권에서만 사용하였다. 당백전의 재질 가치는 상평통보의 5~6배 정도이나 액면 가치는 100전으로, 주전 이익이 20배나 되었다. 참고로 조선시대 상평통보의 주전 이익률은 평균 13.7%, 당오전은 1.2%였다.[11] 하지만 당백전의 가치에 대한 백성의 신뢰 하락과 물가 폭등으로 당백전은 주조 이후 6개월 만에 폐지되었다. 갑작스러운 당백전의 폐지로 부족한 화폐 공급을 메우기 위해 조선은 1867년

---

11 김희호(2017) 참조.

중국의 무역 역관이 도입한 청나라 동전(가경, 도광, 동치 통보)을 합법적으로 수입해 통용하였다. 청전의 가치는 상평통보의 액면 가치와 동일하지만 재질 가치는 상평통보의 1/3 수준에 불과하였다. 1874년까지 300만~400만 냥의 청전이 수입·통용되었으며, 청전 유통량은 그 당시 유통된 상평통보 1000만 냥의 30~40%에 달할 정도로 규모가 막대하였다. 당백전은 한성에서만 사용된 반면 청전은 전국적으로 사용되어 그 화폐적 효과도 훨씬 크게 나타났다. 하지만 1874년 일본에 의해 청전 유통이 금지되고, 화폐 공급이 크게 부족해지면서 재질이 열악한 사주가 출현하였다. 유통이 금지된 청전과 당백전은 환수 후 철재로 사용하였다.

1876년 개항과 일본 제일은행 설립

1876년 일본과 한일수호조약(강화도 조약)을 체결하였으며, 개항을 통해 일본과 무역을 시작하고 무역에 대한 일반규칙(무역장정규칙, 수출조약 부록)을 정하였다. 1876~1882년 조선은 일본과 유럽으로부터 섬유를 수입하였으며, 미곡, 대두와 금을 수출하였다. 개항 이후 처음에는 일본인의 거주지를 개항지로 제한하였다. 일본인 거주지에서 일본 화폐의 유통을 허용하여 일본 태환지폐(은행권)와 일본 1원(엔) 은화가 유통되었다. 일본인의 거주지가 확대되면서, 개항지와 일본인 거주지에 한하여 일본 화폐의 유통을 허용하였으며 부산 거주 일본인들의 금융 편의를 위해 제일은행을 설립하였다. 1878년 일본은 제일은행을 국립제일은행으로 전환하고, 일본은행권을 유통시키고 제일은행을 통해 조선의 금 매입을 확대하였다. 조선의 대일 무역수지 적자가 증가하면서 일본의 제일은행을 통해 무역 결제 대금으로서 금의 유출이 증가하였다.

1882년 임오군란 배상금 지급

일본 군대를 따라서 신식 군대인 별기군을 설립하면서 구식 군대의 군인에 대한 차별적 대우와 봉급 지연으로 구식 군인들이 임오군란을 일으켰다. 임오군란에서 일본군 공사관이 습격을 받았다. 일본은 배상금(55만 원) 지급을 요구하였으며, 배상금 지급으로 조선 정부의 재정은 점차 고갈되었다.

1883년 화폐조례 육조 시행, 당오전 발행, 전환국 설치

근대조선의 화폐조례 육조는 근대적 화폐 제도로서, 전환국을 설치하여 당오전을 발행하였으며, 일본의 근대 화폐제도인 은 본위제도를 따라서 대동전(은화)을 발행하였다. 화폐 부족을 메우기 위해 금, 은, 지폐와 동전 사용을 동시에 허용하였다. 하지만 화폐조례 육조에서 당오전, 상평통보 등 한전의 가치와 금과 은의 공식적인 환율(한전비가)에 대한 규칙이 없어서 한전비가는 시장에서 결정되었고 변동이 심했다. 당오전은 근본적인 재정 건전화에 대한 대책 없이 주전 차익을 통해 일시적으로 재정을 충당하고 화폐 부족을 타개할 목적으로만 발행되었기 때문에 물가가 폭등하였다. 악화(惡貨)인 당오전은 수도권과 평양에서만 유통되었으며, 전라도와 경상도 지역은 상평통보만 사용하는 화폐 유통의 이중 구조가 형성되었다. 이러한 화폐 유통의 이중 구조는 조선에서 시장 거래와 경제발전을 제한하는 걸림돌이 되었다. 당오전의 소재 가치는 2~3전에 불과하지만 명목 가치는 5전으로, 재질이 조잡하여 악화를 남발하였다. 상평통보인 양질의 한전은 당오전에 의해 구축(驅逐)되어서 국제 동 가격이 상승하는 경우 일부 동으로 용해된 후 일본으로 수출되었다.

1883년 해관세 취급권 이양

일본 제일은행은 조선의 배상금을 차관으로 빌려주고 그 대신 조선으로부터 해관세 취급권을 획득하여 조선의 관세 주권을 가져갔다. 해관세 취급권 이양은 나중에 조선의 자주적인 화폐 발행권을 제약하는 근거가 되었다. 개화파들은 일본으로부터 차관을 도입하여 재정 악화를 타개하려고 하였으나 실패하고 수구파들의 득세로 일시적인 재정 타개책인 당오전만 남발하였다. 당오전은 주로 평양, 강화, 경성 등에서 왕비인 민씨 일가에서 발행하여 주전 차익이 정부가 아닌 민씨 일가에 귀속되었으며, 정부의 재정 충당에 도움이 안 되었다. 1884년 당오전의 사주, 위조가 성행하였으며 일본 상인들이 일본에서 재질이 열악한 당오전을 몰래 위조한 후 밀수하는 사례도 급격히 증가하였다. 일본 상인들은 한전비가와 국제 동 수입 가격을 이용해서 동전 원료인 동의 무역에서도 이익을 극대화하였다. 일본은 주요 수출품으로서 동전 원료인 동을 조선으로 수출하였지만, 동 시세가 상승하고 당오전의 한전비가가 상대적으로 하락하면 값이 싼 한전을 매입하여 동으로 용해한 후 다시 일본으로 수출하여 조선에서 한전 유통량은 감소하였다. 당오전의 가치 하락으로 당오전을 주로 보유한 조선 상인들은 막대한 손실을 보았다. 재정이 부족한 조선 왕실은 1886년과 1888년 미국으로부터 차관 200만 달러를 도입하려 했으나 일본의 방해로 실패하고, 1887년 일본으로부터 차관 100만 엔을 도입하려 했으나 그 역시 실패하였다.

1887년 한전어음과 외국 화폐 유통

당오전의 질이 악화되고 동전을 운반하는 비용(태가)이 전체 금액의 15% 이상으로 과다하여 대체적인 교환 수단으로서 제일은행이 발행한 한전어음이 유통되었다. 1890년 제일은행이 발행한 한전어음은 80만 관에 달했다. 한전어음 이외에 중국 상인 동순태가 문에서 발행한 어음과 일본 상인이 발행한 한전어음도 유통되었다. 1882년 미국, 1884년 영국, 1885년 러시아, 1886년 이탈리아 및 독일과 수교하면서 외국무역이 증가하고, 국제 결제 통화로서 중국 마제은화, 러시아 루블화, 멕시코 은화, 일본 은화 등 외국 화폐가 유통되기 시작하였다. 각국은 무역 확대로 인해 자국 화폐가 통용되면서 이를 자국 군대의 비용으로 사용하기 시작하였다. 일본이 대조선 무역 결제 대금을 멕시코 은화로 결제하면서 멕시코 은화와 그 위조품의 유통도 증가하였다. 중국의 마제은이 신의주 중국 무역을 통해 유입되고, 멕시코 은화(1달러)가 미국과 무역 거래를 하는 중국과 일본 제일은행을 통해 조선으로 유입되었다. 일본 엔 화(은화)는 일본인 거주자를 위해 유입되었고 러시아 루블 은화는 조선에 주둔한 러시아 군대의 경비를 위해 유입되었다. 외국 화폐는 원래 자국민의 거주지에서 사용하기 위해 도입되었으나 시간이 지나면서 전국적으로 유통되었으며 국내 화폐량에도 많은 영향을 미치게 되었다. 1887~1897년 조선에서 유통된 일본 은화는 300만~350만 원(엔)으로 추정되며, 멕시코 은화는 1884~1894년에 주로 통용되었다. 1883~1892년 중국과 일본 상인들은 조선 시장에서 경쟁을 하였으며 조선은 상품 시장이 확장되었으나 여전히 물물교환과 자급자족을 하던 시기였다.

1889년 외환 교환소 설치

외환 교환소는 외국 통화와 한전의 교환 업무를 담당하였으며 신동전을 지불 준비금으로 사용하여 환표(어음과 수표) 또는 금과 은으로 교환하여 발행하였다. 1890년 조선 정부는 해관세를 담보로 일본 제일은행으로부터 200만 달러를 차입하였다.

1891년 평양전 주조

당오전 대신 평양전을 주조하여 유통하였는데, 평양전은 상평통보의 1/3 가치에 불과하여 주전 차익이 컸다. 민씨 일가는 일본에서 수입된 동전 원료를 거의 모두 일문전인 평양전 주전에 사용하였으나 동전의 질이 조잡하고 사주가 성행하였다. 평양전의 무분별한 남발로 인해 평양전 발행량에 대한 자료를 찾을 수 없었다. 평양전이 남발되어 유통되면서 한전비가가 급락하고 일본 화폐 가치가 상승함에 따라 일본 화폐를 사용하는 일본 상인의 유통 이익은 반대로 증가하였다. 또한 한전 가치에 대한 신뢰 하락으로 일본 화폐의 유통량이 점차 증가하기 시작하였다. 한전비가의 하락으로 한전의 액면 가치가 재질 가치보다 낮으면 용해되어 수출되고, 반대인 경우 위조와 사주가 남발되었다. 이때 재질이 양호한 상평통보를 용해하여 평양전을 대량으로 생산하였으나 정확한 주전량을 알 수 없다. 당오전의 가치가 하락하면서 백성들은 정부에 납부할 세금을 값이 싼 당오전을 구입하여 납부하였으며, 그로 인해 정부의 재정도 갈수록 궁핍해졌다. 조선에서 해관세로서 당오전의 수취를 금지하는 조치를 내렸으나 일본의 항의로 철회되었다.

1891년 신식화폐조례, 은 본위제도와 백동화 발행

조선에서 신식화폐조례가 발표되고, 일본 화폐 제도를 따라서 은 본위제도를 실시하였다. 은화 1냥(표준통화), 은화 5냥(국제무역통화), 보조통화인 백동화(2전5푼), 적동화(5푼), 황동화(1푼)로 구분하여 발행하였으며, 동전의 사주와 훼손을 법으로 금지하였다. 동전의 계산 단위로 십진법을 사용하였는데, 10푼(문)=1전, 10전=1냥이었다. 실제로 백동화는 1892년부터 발행되었다. 5냥 은화는 일본화 1엔(원), 1냥 은화는 일본화 20센(전), 백동화는 일본화 5센(전), 적동화는 일본화 1센, 황동화는 구엽전 1개와 등가적으로 동일하였다. 일본 화폐가 본격적으로 유통되고, 조세의 금납화로 조선 관리의 월급을 화폐로 지급하기 시작하였다. 당오전 가치가 하락하면서 당오전을 평양전과 같이 일문전으로 통일시켜서 1/5로 평가절하하였다. 결국 신식화폐조례로 인해 평양전과 일문전이 남발되고 당오전의 가치는 1/5로 떨어졌으며, 새로운 화폐인 평양전에 대한 신인도는 하락하였다. 당오전을 보유한 조선 상인들은 막대한 손실을 보았다.

1894년 신식화폐발행장정

일본 주도로 시행된 신식화폐발행장정은 신식화폐조례를 수정하여 당오전을 혁파하고 모든 당오전과 평양전을 일문전으로 통합하였으며 일본 화폐 제도와 유사한 새로운 은 본위제도를 도입하였다. 새로운 제도에서 5냥 은화를 표준통화, 1냥 은화를 보조화로 변경하였으며, 일본 화폐를 법정통화로 유통하는 것을 허용하였다. 이는 일본이 자국 화폐의 유통을 확대하여 청일전쟁 비용을 충당할 목적이었는데, 5냥 은화를 표준통화인 1냥 은화로 변경하면서 조선 통화의 가치를 다시 1/5로 절하시키는 결과를 가져왔다. 일본 화폐를 법정통화로 지정하면서 일본 화폐량이 증가하였고 교환소(환전소)와 신통화 발행에 대한 준비 과정이 없이 급히 시행되면서 화폐 시장이 급격히 변화하였다. 또한 신식화폐발행장정은 조세의 금납화, 외국 화폐 교환소 설치, 은행 설립, 전환국의 화폐 제조기 설치, 신구 동전의 교환 비율 지정, 일본 화폐를 법화로 인정하여 세금과 결제 단위로 허용, 재정 충당을 목적으로 외채 도입 허용, 은화와 더불어 외국 지폐의 유통 허용, 한전어음과 증권 유통을 허용하였다. 경제적 제도 개혁으로서 정부 재정기관 통일, 조세 재정 개혁, 군국기무처 설립, 토지의 개인 소유 강화, 농민 부담을 완화하기 위한 공물 제도 혁파, 상업 진흥 정책으로서 육시전 혁파, 보부상 혁파 등 과감한 정책이 시도되었다. 이러한 상업 진흥 정책으로 기존 조선 상인의 상권이 무너지면서 오히려 일본 상인들은 조선 시장에 침투하기가 용이해졌다. 또한 신식화폐발행장정은 화폐 위조에 대한 처벌 규정을 제거하여 대규모 위조화가 나타나는 계기가 되었다. 일본 화폐가 대규모로 유통되면서 조선 시장에서는 일본 화폐 사용이 증가하였으며, 주전 차익이 큰 백동화가 남발되었다. 일본 정부는 조선의 해관세를 담보로 제일은행을 통해 조선의 화폐개혁에 필요한 자금(멕시코 은화 2만 4000달러)을 대여하였다. 하지만 이 대여금은 조선 정부를 위한 것이 아니라, 일본이 조선의 화폐개혁을 주도하려는 목적이 있었다.

1894년 갑오개혁, 청일전쟁과 조세 금납화

개화파 주도로 갑오개혁이 일어나고 청일전쟁이 발발하였다. 일본은 청일전쟁 비용을 충당하기 위해 조선에서 제일은행을 통해 일본 지폐를 발행하여 사용하였다. 이는 일본이 지금(地金) 본위제를 실시하면서 자국 내에서 금과 은의 유출을 엄격히 금지하였으며, 결국 일본의 불태환 지폐를 조선에 유통하여 청일전쟁의 비용을 조선이 부담하게 하는 결과를 가져왔다. 이때 유통된 일본 화폐는 은화보다는 지폐 위주였으며 전체 일본 화폐 가운데 2/3로 지폐의 비중이 컸다. 조선의 반대에도 불구하고 일본 지폐의 유통이 시작되면서 일본 화폐에 대한 신인도가 급락하고 그 대신 은화와 일본 수출 면제품인 금건의 매집이 증가하였다. 결국, 일본은 태환이 불가능한 가치가 없는 일본 지폐를 법정통화로 유통시키면서 청일전쟁의 비용을 조선에서 조달하였다.

조세의 금납화는 조세의 일부분을 화폐로 납부하게 하는 것으로, 농민은 세금마련을 위해 곡물을 팔아서 동전을 구입하였다. 그 결과 곡물의 상업화가 크게 진전되었지만, 오히려 세금을 마련하기 위해 곡물의 매도가 증가하면서 곡물 가격은 하락하였다. 조세의 금납화로 한전에 대한 수요가 급증하고 곡물의 상품화와 시장경제가 본격적으로 확산되었다. 이때, 일본 상인들은 가격이 하락한 미곡을 수매하여 일본으로 수출하였으며 막대한 무역 이익을 얻게 되었다. 조세의 금납을 위해서는 미곡을 환금할 금융 매개 기관이 필요했는데, 조선 정부는 1899년부터 천일은행, 조선은행과 한성은행을 통해 세금을 납부하게 하였으나 일본의 항의로 다시 조선 정부가 직접 지방 행정관을 통해 수납하였다. 독자적인 재정을 바탕으로 한 조선 정부의 국고 은행이 없었고 대신 일본 제일은행이 식민지 금융 은행으로서 역할을 하였다.

신식화폐발행장정은 일본 화폐의 법정화와 유통 확대를 통한 화폐적 식민지배를 가속화하였다. 조선 수구파 정권이 재정 충당을 목적으로 악화인 백동화를 남발하면서 곡물 가격은 급등하였으나, 곡물 생산자인 동시에 소비자인 소농민은 큰 손실을 보고 와해되었다. 일본은 조선의 금융 제도인 외획 제도를 통해 공전 세금을 이용하여 한전비가를 떨어뜨리고 일본 상인들이 미곡을 싸게 수매하여 일본으로 수출할 수 있게 하였다. 특히, 조세 납부 기한이 매년 10월과 1월로 곡물의 추수기와 같아서 추수기에 조세의 금납으로 한전 수요가 증가하고 한전비가가 상승하였는데, 지방관과 일본 상인이 결탁하여 공전 세금을 활용해 가격이 싼 미곡을 일본으로 수출하고 무역을 통한 이윤을 추구하였다. 이 과정에서 한전과 일본 화폐의 교환(환획)을 통해서 환차익을 얻기도 하였다. 특히 한전비가가 낮거나 한전의 운반 비용(태가)이 높은 경우, 환차익을 얻기 위해 일본 화폐를 선호하였다. 즉, 시장에서 유통되는 한전비가와 법정(세금)비가를 비교하여 그 차이가 운반 비용(태가)보다 낮으면 일본 화폐를 선호하였다. 한전의 경우, 실제 운반 비용이 과다하여 일본 화폐가 선호되었으며, 외국 무역의 수입 결제 자금 지급, 급여 지급, 차관 변제에도 일본 화폐의 사용이 증가하였다. 나중에는 일본 은화뿐 아니라 일본 지폐에 대한 선호도 증가하였다.

1894~1904년 백동화 남발

백동화는 당오전보다 재질이 조악하였는데, 조선은 은 본위제도에서 본위화폐인 5냥, 1냥 은화를 발행하지 않고 주조 차익이 큰 백동화만 발행하였다. 백동화는 액면 가치(2전5푼)가 소재 가치보다 커서 주조 차익을 얻을 수 있었기에 조선의 재정 충당을 위해 대량으로 주조되어 시장에서 지배적인 화폐가 되었다. 이 시기 백동화의 관주, 특주, 사주가 성행하였으며, 일본으로부터 사주의 밀수입도 증가하여 관주만 16종, 사주도 560종이나 유통되었다. 악화인 백동화 남발로 그레셤의 법칙(Gresham's law)이 작용하여 은화와 재질이 양호한 상평통보는 점차 사라졌다. 상평통보(엽전)와 신식화폐인 백동화의 이중 화폐 구조가 성립되고 사용되는 지역도 서로 달랐다. 일본인 등 외국인이 거주하는 부산, 경인, 원산 등에서는 일본 화폐와 백동화가 사용되고, 경상도, 전라도에서는 신식 화폐인 백동화 사용을 거부하고 상평통보와 면포·미곡 등 상품화폐가 유통되는 화폐 유통의 이중 구조가 형성되었다. 시장 거래에서 무역과 결제 등 용도가 다양하고 가치가 안정적인 일본 화폐에 대한 선호가 증가하면서 원래 일본 거주자들의 교환수단으로 사용하던 일본 화폐가 조선의 대표적 화폐로 유통되기 시작하였다.

1896~1898년 조세의 금납에서 가치가 떨어진 백동화를 사용하여 재정은 더욱 궁핍해졌다. 1898년 이후 재정 악화로 외국인 탁지부 대신이 사퇴하였으나 조선 관리들이 자의적으로 백동화를 남발하였다. 이때 국제 동 가격이 상승하였고 한전(엽전)비가의 하락으로 일본 상인은 엽전을 구입하여 용해한 후 다시 동으로 수출하여 많은 이익을 얻었다. 그 결과 한전(엽전)을 용해한 후 수출하는 사례가 늘어났고 조선 내에서 엽전 유통량이 급격하게 줄어들었다. 백동화가 엽전을 대체하여 유통량이 급증하였으나 가치가 급락하여, 우체국과 은행에서 백동화 수취를 거절하였다.

1897년 광무개혁

1897년 일본은 은 본위제를 금 본위제로 개편하고, 조선으로부터 금 수입을 확대하였다. 또한 일본 구은화(각인 은화)를 환수하였는데, 그로 인해 조선에서 일본 구은화 유통이 감소하였다. 화폐량이 부족했던 조선은 일본 구은화의 불하를 통해 계속 유통할 것을 요구하였고, 일본 구은화를 매입하기 위한 차관을 도입하려고 했으나 일본이 거절하였다. 사실 일본 구은화(각인 은화)는 일본에서 화폐로 인정이 안 되었고, 일본은행 태환권은 금으로 교환이 안 되는 반쪽 화폐였다. 광무개혁이 시행된 1897~1899년에 일본은 조선에서 광산권, 철도권, 산림권을 쟁탈하였고, 경부선과 경의선 부설권, 금광 채굴권을 획득하였으며, 조선의 대일 무역 의존도는 80~90%에 달할 정도로 심화되었다. 조선의 대일 무역수지 적자는 무역 결제 자금으로 쓰인 조선의 금 유출로 나타났다. 1898년 이후 일본인들이 백동화를 몰래 대규모로 만들어 위조한 다음 밀수하는 사례가 급증하였다. 시중 백동화 유통량 1400만 원 가운데, 관주가 800만 원, 사주 밀주화가 600만 원에 달할 정도로 일본 상인에 의한 백동화 사주와 밀주가 성행하였다. 조선은 러시아의 도움으로 자주국가로서 대한제국을 선포하였으며, 광무개혁을 실시하였다. 광무개혁의 주요 화폐개혁 내용은 금 본위제도 도입과 중앙은행 설립 등 앞에서 설명한 것과 같다. 하지만 대한제국은 재정이 궁핍하여 해관세를 담보로 일본으로부터 1895년 13만 엔, 1896년 50만~60만 엔을 차입하였다.

1901년 화폐조례칙령 1호

1901년 일본 주도로 화폐조례칙령 1호를 시행하였는데, 그 내용은 조선의 금 본위제도 실시, 중앙은행 제도 도입, 일본 제일은행의 중앙은행화였다. 화폐조례칙령은 명목상으로 금 본위제도와 중앙은행 도입이라는 광무개혁과 유사한 화폐개혁 내용을 담고 있었지만, 일본 제일은행을 중앙은행으로 전환하려는 목적으로 시행된 일본 주도의 개혁이었다. 일본 제일은행은 은행 태환권을 발행하여 유통시켰으며, 화폐 단위를 기존 한전의 단위인 푼, 전, 냥을 원 단위로 통일시켜서 변경하였다. 또한 화폐조례칙령은 일본의 금 본위제도 실시로 인해 부족한 금을 조선으로부터 대규모로 반출하는 목적을 가지고 있었다. 조선에서도 금 본위제도를 실시하였으나, 본위화폐인 금화의 발행은 없고 주전 차익이 큰 백동화만 발행하였다. 같은 시기 전환국 전체 주조액 가운데 88.3%가 백동화였다. 조선에서 물가는 급등하고 백성의 삶은 피폐해졌다. 조선 정부는 여러 차례 유럽과 미국으로부터 차관을 도입하여 재정 악화와 금 유출을 억제하려고 했지만 일본의 방해로 번번이 실패하였다. 일본 상인들도 조선에서 장사를 하면서 얻은 백동화의 가치 하락으로 피해가 극심해지자 백동화의 주전과 유통을 금지해 달라고 요청하였다. 이에 따라 백동화 원료인 니켈 수입 금지, 백동화의 대체 화폐 요구, 조세의 금납에서 백동화 수취 금지, 은화의 사용 장려를 요구하였는데, 1904년에 백동화를 환수하는 내용으로 화폐정리사업이 실시되었다.

1904년 화폐정리사업

1904년 화폐정리사업은 악화인 백동화 환수, 일본 제일은행의 중앙은행화, 제일은행권의 법정통화 인정, 조선의 전통적인 금융 제도인 외획과 한전어음 유통 금지, 전환국 폐지, 일본 화폐를 본위화폐, 조선 화폐를 보조화폐로 하는 화폐개혁이었다. 가장 중요한 내용은 일본 화폐를 법정화폐로 사용하는 것과 조선의 화폐 발행권을 박탈하는 것이었다. 1892~1904년 백동화 남발과 인플레이션은 조선의 경제에 심각한 영향을 미쳤는데, 먼저 소농민과 노동자의 실질적 자산 가치를 감소시켜서 이들의 경제 궁핍화가 심화되었으며, 농민이 와해되어서 도시 노동자로 전환되었다. 악화인 백동화를 조세로 수취하면서 조선 정부의 실질적인 세수가 감소하였고 재정 악화를 막기 위해 조세를 반복적으로 인상함에 따라 백성은 더욱 궁핍해졌다. 객주와 상인은 백동화를 기반으로 어음을 발행하고 교환하는 과정에서 백동화의 가치 하락으로 커다란 손실을 입었다. 백동화비가의 하락으로 일본 화폐를 사용해서 미곡을 수집하여 일본으로 수출하는 일본 상인들만 미곡 수출을 통해 막대한 무역 이익을 얻었다. 또한 지주, 지방관, 일본 상인이 담합해 지방세금인 공전을 활용하여 추수기에 미곡을 싸게 구입하여 일본으로 수출하였다. 그 결과 일본의 무역 유통 이익이 증가하였으며, 일본의 무역 확대와 조선의 화폐적 식민화가 진행되었다.

한편, 백동화 가치의 하락으로 조선 상인과 같이 국내에서 영업을 하던 일본 상인들의 피해도 커졌다. 백동화 가치 하락으로 양화인 일본 화폐가 구축(驅逐)되고 백동화 사용이 증가하면서 조선에 있는 일본 상인의 피해도 급증한 것이다. 소수의 일본 상인은 한전 매매를 통해 한전을 용해하여 수출하거나, 한전어음을 발행해 이익을 보았다. 한전에 대한 투기적 매매로 상거래는 위축되었고 악화인 백동화의 유통 증가와 물가 폭등으로 일본 상품의 수입 가격이 급증하였다. 수입 가격 상승으로 오히려 수입이 억제되고 일본 상품에 의한 조선의 식민지 경제 침투가 억제되는 부수적인 효과도 있었다. 한 사례로, 조선에서 철도를 부설한 후 요금을 백동화로 받았지만, 백동화의 가치 하락으로 철도 수입이 감소되자 철도 사업에 자금을 빌려준 일본 상인과 대부업자도 막대한 손실을 입었다. 악화인 백동화의 남발로 양화인 엽전과 일본 은화는 구축(驅逐)되었으나 일본 제일은행은 제일은행권, 한전어음과 백동화 어음의 사용을 증가시켰다. 백동화 남발로 인해 물가가 폭등하는 인플레이션 현상은 백동화비가를 한전비가보다 더욱 크게 하락시켰다.

1883년 당오전 발행과 1892년 백동화 남발로 조선의 화폐량이 급격하게 증가하였으나, 1904년 이후 화폐정리사업으로 백동화가 환수되면서 근대조선의 화폐량은 이전에 비해 60% 수준으로 감소하였다. 이 시기 일본 제일은행이 조선의 중앙은행이 된다는 것은 조선의 자주적 화폐 발행권과 통제권이 박탈되었음을 의미한다.[12] 근대조선의 화폐량 변동률은 1865년부터 1883년까지 연평균

12 오두환(1991), 236~237쪽 참조.

9.69% 증가하였으며, 1883년부터 1892년까지 당오전 발행으로 연평균 30.47% 급등하였다. 1891년 신식화폐조례 시행 이후 백동화가 주로 발행된 1892~1904년 화폐량은 연평균 6.16% 증가하였지만, 1905년 화폐정리사업이 본격 시행되면서 화폐량은 이전에 비해 60% 수준으로 줄어들었다. 화폐정리사업은 남발된 백동화의 환수 이외에 조선의 전통적 금융 제도인 외획 금지와 한전어음의 유통 금지, 전환국 폐지, 그리고 일본 화폐를 본위화폐로 하고 조선 화폐를 보조화폐로 하는 화폐적 식민화 과정이었다. 결국 일본이 조선의 화폐 주권을 완전히 박탈하고 조선의 화폐경제를 일본에 종속시키는 조치였던 것이다.

2. 인플레이션

개항기 근대조선에서는 무역 결제 통화로서 일본 화폐와 더불어 중국 마제은화, 러시아 은화, 멕시코 은화가 대량 유통되었으며, 세 차례 화폐개혁으로 당오전과 백동화가 남발되었다. 하지만 근대조선에서 유통된 화폐량에 대한 정확한 자료를 구할 수 없다. 또한, 평양에서 주전된 민씨 일가의 평양전에 대한 자료가 부족하고, 당오전과 백동화의 밀주와 사주, 용해된 한전의 수출, 외국 화폐의 유통 등으로 인한 불법적인 화폐 유통이 많아서 실제 근대조선에서 유통된 화폐량에 대한 자료를 산출하는 것이 불가능하다. 특히, 1883년은 화폐조례가 시행되고 당오전이 남발되었으며, 1894년은 신식화폐발행장정의 공표와 백동화 남발로 인해 물가가 급등하였다. 게다가 일본 화폐 유통이 본격화되면서 화폐적으로 혼돈의 시기였다. 1904년은 화폐정리사업 시행으로 한전과 백동화 등 조선 화폐가 모두 환수되고 일본 화폐가 조선의 유일한 법정화폐로 공식화되는 시기였다. 따라서 화폐 환수 이전에 근대조선은 극적인 인플레이션을 겪으면서 한전비가의 하락과 함께 일본 상인의 무역 수탈이 본격화되던 시기였다.

근대조선의 동전 주전량과 화폐 유통에 대한 기존 연구는 조선과 일본이 발행한 공식 화폐량을 주로 분석하였기 때문에 당오전과 백동화의 밀주와 사주 등 불법 화폐량과 용해된 동전 수출량, 외국 화폐량에 대한 엄밀한 고려가 부족하다.[13] 따라서 기존 연구의 화폐량 추정은 실제 유통 화폐량을 과소평가하는 문제점이 있다. 한편, 근대조선에서 화폐개혁에 대한 다른 연구들은 화폐개혁을 일본에 의한 조선 화폐 제도의 근대화 과정으로 파악하고 있다.[14] 하지만 근대조선에서 화폐개혁은 의도했든 의도하지 않았든 결과적으로 화폐량과 물가 변동을 통해 경제적으로 큰 영향을 미쳤지만, 화폐량 자료의 부족으로 화폐개혁의 경제적 효과에 대한 연구가 부족하

---

13 오두환(1991), 강덕상(1962, 1967), 김준보(1972), 김재순(1991) 참조.

14 오두환(1979, 1991), 이석륜(1994), 장기돈(1997), 강덕상(1965), 김준보(1976), 村上勝彦(1973), 小林英夫(1979), 高嶋雅明(1978), 波形昭一(1985), 羽鳥敬彦(1986) 참조.

다.[15] 다음 장에서 필자는 근대조선에서 유통된 합법적·불법적 화폐량 자료의 파편을 모두 수집하여 연역적으로 매년 화폐량의 자료를 구축하였다. 이러한 근대조선의 화폐량 추정 자료를 사용해서 조선 화폐와 인플레이션, 한전비가의 관계를 추정할 수 있다. 이를 위해서 먼저, 근대조선에서 화폐개혁이 화폐량과 물가를 어떻게 변화시켰는지를 추정해 보았다. 또한, 이러한 화폐량과 물가 변동이 조선의 유통 가격과 한전비가 하락을 통해 미곡과 금의 무역에서 얼마나 초과이윤(수탈)을 가져왔는지를 추정하였다.

1894년 신식화폐발행장정과 1904년 화폐정리사업의 경제적 작동 경로는 서로 다르지만 공통적인 목적은 일본 화폐의 유통 확대와 한전비가 하락을 통해 조선의 무역과 금융을 수탈하는 것이었다. 일본이 주도한 화폐개혁은 근대조선에서 1865~1904년 극심한 인플레이션과 1905~1910년 디플레이션을 가져왔다. 이러한 급격한 물가 변동은 조선인들의 실질자산을 일본 화폐를 가진 일본 상인에게 유리하게 재분배하였으며, 한전비가의 하락을 가져왔다. 한전비가 하락으로 근대조선에서 막대한 무역 이익과 유통 이익을 얻은 일본인은 토지를 집중적으로 매입하여 토지를 자본화하는 모습을 보였다.

[표 4-1]은 근대조선의 화폐량과 물가 변동률을 간략하게 비교한 것이다. 근대조선의 화폐량 자료는 필자가 직접 구축하였고, 인

---

15 김준보(1976) 참조.

[표 4-1] 근대조선의 물가, 화폐량과 인구의 연평균 변화율(%)

연도	비고	물가	화폐량	인구	1인당 화폐량	장인 임금
1865~1882	당백전 발행과 개항	1.03	9.69	0.05	9.56	0.0
1883~1892	당오전 발행	8.33	30.49	0.04	35.47	0.0
1893~1904	신식화폐발행장정과 백동화 발행	18.11	6.16	0.10	5.48	10.65
1905~1910	화폐정리사업과 한전 환수	-8.26	-8.77	0.21	-7.43	10.99
전 기간		5.5	22.38	0.08	21.54	5.88

*화폐량 자료는 필자가 직접 추정하였으며, 인구 자료는 권태환·신용하(1977), 물가 자료는 이영훈·박이택(2004)에서 인용하였다.

구 자료는 권태환·신용하(1977), 물가의 대용변수로서 미가 자료는 이영훈·박이택(2004)에서 인용하였다. 근대조선의 화폐량 자료는 동전의 밀주와 사주, 외국 화폐량을 모두 포함하여 실질적으로 조선에서 유통된 화폐량을 나타내지만, 개항기의 정확한 화폐량을 확인할 수 있는 자료가 없기 때문에 조심스럽게 해석할 필요가 있다. 1865~1882년에는 청전과 일본 화폐 등 외국 화폐가 유입되면서 근대조선의 화폐량이 연평균 9.69% 증가하였으며, 1883~1892년에는 당오전과 평양전이 남발되어서 연평균 30.49% 급등하였다. 1893~1904년에는 백동화 남발로 연평균 6.16% 증가하였지만, 1905~1910년에는 화폐정리사업 이후 연평균 8.77% 하락하였다.

한편, [표 4-1]에서 1인당 화폐량을 확인할 수 있는데, 인구가 증가할수록 시장 거래가 증가하고 화폐 수요가 늘어나므로 1인당 화폐량도 증가한다. 근대조선에서 1인당 화폐량은 1865년 0.67냥에서 1866년 1.62냥으로 급격히 증가했는데, 이는 당백전 발행으

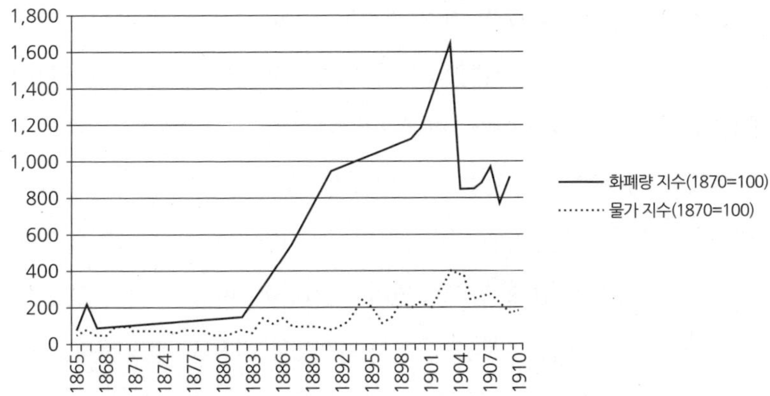

〈그림 4-1〉 근대조선의 화폐량과 물가의 변동 추세(단위: %, 1870=100 기준)
*화폐 자료는 필자가 직접 추정하였고, 물가 자료는 이영훈·박이택(2004)에서 인용하였다.

로 나타난 현상이었다. 그것은 당백전이 회수되는 1867년 0.69냥으로 감소한 것을 보아도 알 수 있다. 1인당 화폐량은 1882년부터 점차 증가하여 1.21냥, 당오전이 발행되는 1883년 1.82냥이었다가, 1892년 7.62냥까지 급등하였다. 백동화 남발이 극심했던 1901년 10.1냥, 1902년 11.3냥, 1903년 12.6냥으로 피크에 도달했으나, 화폐정리사업으로 백동화가 환수된 이후 1905년 6.58냥, 1906년 6.68냥, 그리고 1909년 7.01냥으로 40% 감소하였다. 한편, 장인의 임금을 추정해 보았는데, 임금은 1865~1882년과 1883~1892년 사이에는 전혀 변동하지 않았다. 그 이후 1893~1904년 연평균 10.65%, 1905~1910년 10.99% 급등하였다.

〈그림 4-1〉은 근대조선에서 화폐량과 물가의 관계를 보여 주고 있는데, '1870년=100'을 기준으로 하였다. 물가는 전라도 영암과

경상도 경주에서 매매되는 미가의 가중 평균값을 사용하였다. 이는 근대조선이 농업경제 체제였고, 미곡은 대표적인 농업 생산물이며, 대표 소비재였기 때문이다. 다만, 전라도 영암과 경상도 경주의 미가 자료를 사용한 물가지수는 근대조선 전체의 일반 물가지수와 정확하게 일치하지 않을 수 있다. 하지만 전라도와 경상도 지역의 미곡 생산량이 조선 전체 생산량에서 차지하는 비중이 커서 조선 전체 물가 변동의 많은 부분을 설명할 수 있을 것으로 생각된다. 물가는 화폐량에 비해 변동 폭이 작지만, 유사한 추세를 보이고 있어서 물가가 화폐적 요인에 영향을 받고 있다는 것을 알 수 있다. 물가 상승률은 1865~1882년에는 연평균 1.03%로 완만하게 상승하였으나, 1883년부터 급등하여 백동화가 발행되는 1892년까지 연평균 8.33% 상승하였다. 1893~1904년 물가는 연평균 18.11%로 급등하였다가, 1904년 화폐정리사업 이후 8.26%로 하락하였다.

3. 토지 가격

근대조선에서 인플레이션은 토지 가격을 상승시켰는데, 토지를 갖지 못한 대부분의 소농은 토지를 박탈당하여 도시 주변에서 임노동을 했을 것으로 보인다. 반대로 일본 상인들은 무역 이익으로 조선의 토지를 구입하여 무역 이익을 토지로 생산 자본화시킨 것 같다. 원래 조선에서는 외국인의 토지 소유가 불가능하였으나, 점차

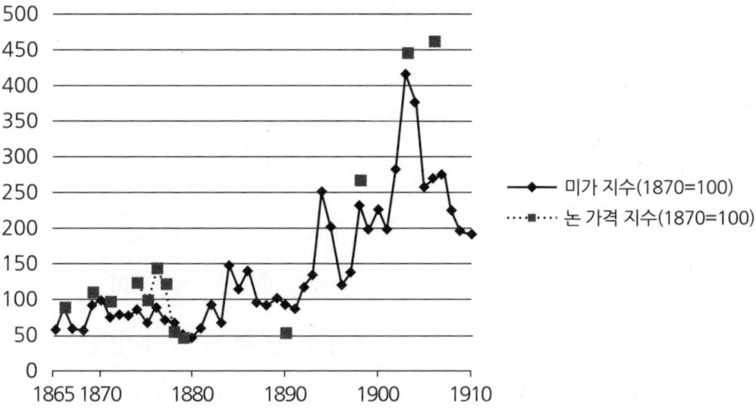

〈그림 4-2〉 근대조선의 미가와 논 가격 변동 추세(단위: %, 1870=100 기준)
*미가 자료는 이영훈·박이택(2004), 논 가격 자료는 차명수·이헌창(2004)을 참조하였다.

외국인의 토지 소유 증가로 외국인이 소유한 토지를 조선인이 소작하는 일이 많아졌다. 특히, 1905년 러일전쟁 이후 일본 상인의 토지 소유가 본격화되었다. 이는 조선의 토지 매매 가격이 일본 토지 가격의 1/10 수준에 불과해 일본 상인의 토지 매입이 증가했기 때문이다.

〈그림 4-2〉는 1870년(=100) 기준 근대조선의 미가와 논 가격 지수의 변동 추세를 살펴보았다. 근대조선의 미가 자료는 이영훈·박이택(2004), 논 가격 자료는 차명수·이헌창(2004)에서 발췌하였다.[16] 근대조선의 논 가격 변동률은 1865~1910년 연평균 14%로 급격한 증가율을 보이고 있다. 이러한 논 가격 증가율은 미가 증가율보다 높

16 이영훈·박이택(2004), 차명수·이헌창(2004) 참조.

고, 화폐 증가율과 유사하다. 따라서 실질 토지 가격은 상승하는 추세였다. 이처럼 화폐 남발과 물가 상승으로 실질 토지 가격이 급격하게 상승하면서, 토지를 갖지 못한 대부분의 소농은 토지에서 이탈하였다. 반대로 일본 상인들은 한전비가 하락과 일본 화폐를 이용하여 미곡 무역에서 많은 이윤을 남겼고, 그 이윤으로 조선에서 토지를 적극 매입하였다. 이 시기에는 논과 토지에 대한 등록비와 재산세가 없어서 일본 상인의 토지 소유는 더욱 증가하였다. 소농민에게 돈을 대부해 주고 소농민의 토지를 강제로 수탈하는 경우도 자주 발생하였다.

개항기 근대조선에서는 기본적으로 외국인의 토지 소유를 법적으로 인정하지 않았기 때문에, 일본인들은 조선인의 이름을 빌려서 토지를 매입하는 경우가 많았다. 이로 인하여 향후 토지와 가옥의 소유권 문제로 분쟁이 속출하였다(外部訴狀 자료).[17] 초기 개항지를 중심으로 외국인의 거주가 증가하면서 한성에서도 외국인의 토지 소유가 점차 증가하였다. 1883년 영국과의 통상조약에서 한성 개잔권(開棧權)이 허용되면서 한성부에서 외국인이 상업을 목적으로 토지와 가옥을 매매 또는 임대할 수 있게 되었다. 하지만 외국인의 영업 범위가 증가하면서 1885년 한성부는 외국인의 토지 매매를 규제하는 정책을 실시했으며, 한성 개잔권을 철회하고, 외국인 거류지를 서울 용산으로 제한하였다. 1893년에는 모든 토지와 가옥의 소유

17 왕현종(1991, 1992) 참조.

권을 국가에서 인정해 주는 가계 제도를 시행하였으며, 1894년 외국인의 토지 소유 금지 원칙과 외국인 거류지를 설정하였다. 1898년 대한제국은 정부의 재정 확충을 위해서 조세 재원을 마련하고자 토지와 가옥의 양전 사업과 지계 사업을 추진하였으며, 양전을 전담하는 독립 부서로 양지아문을 설립하여 한성부를 시작으로 전국적인 토지측량사업을 실시하였다.[18]

1890년 한성부 토지·가옥 거래 지계안(규17984)은 1885~1889년 동안 한성부 토지·가옥에 대한 외국인의 매입 건수 추세를 보여 주고 있다. 여기에서 일본인을 포함한 외국인의 토지 매입은 1885년 2명이 한성부에서 토지·가옥을 매입한 것을 시작으로, 1886년 11건, 1887년 25건, 1888년 64건으로 크게 증가하였으며, 1889년에는 무려 144건으로 급증하였다. 특히, 일본인의 토지 매입은 해가 지날수록 집중적으로 증가했으며 1889년에만 88건의 토지 및 가옥을 매입한 것으로 나타났다. 일본인의 매입 가옥 가운데 기와집은 21%, 나머지는 초가집이었다. 이 시기 한성부에 거주하는 일본인의 호수가 500~600호였던 것을 감안하면 가옥의 매입 비율이 17.6%로 높은 편이었다. 외국인의 토지 및 가옥에 대한 매매가 증가하면서 한성부는 모든 가호를 대상으로 가계를 발급하여 가옥 소유권에 대한 호적을 작성하여 불법적인 거래를 막고자 하였다. 1898년 광무개혁 토지측량사업의 양안에서는 전답 토지뿐 아니라 가옥과 산

18 한국역사연구회(2010) 참조.

[표 4-2] 1888~1902년 한성부 서서 지역 여경방 소재 토지·가옥 매매 현황(단위: 냥)

사례 연번	매입 일자	종류	칸수	매도 일자	보유 기간	매입가	매도가	칸당 가격
1	?	기와	30	1888. 10.	?	?	7,250	241
2	?	초가	7.5	1899. 6. 20.	?	?	2,500	333
3	?	기와	10	1900. 4. 4.	?	?	6,500	650
4	?	초가	10.5	1900. 7. 23.	?	?	6,100	581
5	?	초가	7.5	1901. 9. 1.	?	?	6,800	906
6	?	초가	5	1901. 12. 27.	?	?	4,900	980
7	1901. 9. 1.	초가	7.5	1902. 1.	4월	6,800	7,300	973
8	1902. 1.	초가	7.5	1902. 7. 10.	6월	7,300	8,000	1,067
9	1901. 12. 27.	초가	5	1902. 7.	7월	4,900	7,500	1,500
10	1900. 1. 11.	초가	10	1902. 7.	2년 6월	3,300	16,000	1,600
11	1900. 9. 2.	초가	8	1902. 7.	1년 10월	6,500	12,800	1,600
12	1900. 12. 13.	초가	8	1902. 7.	1년 7월	7,300	12,000	1,500
13	1901. 5. 12.	초가	8.5	1902. 7.	1년 2월	10,000	13,700	1,611
14	1900. 9. 2.	초가	8	1902. 7.	1년 10월	6,500	12,800	1,600
15	1901. 8. 23.	초가	6	1902. 7.	11월	7,300	9,750	1,625
16	1901. 2. 4.	초가	6	1902. 7.	1년 5월	4,800	8,700	1,450
17	1902. 8. 8.	초가	13	1902. 8.	1월	11,000	20,800	1,600
18	1899. 6. 20.	초가	7.5	1902. 8.	3년 2월	2,500	15,000	2,000
19	1900. 4. 4.	기와	10	1902. 8.	2년 4월	6,500	26,000	2,600
20	1901. 8.	초가	10.5	1902. 8.	1년	12,500	14,000	1,333
21	1895. 10. 28.	초가	6	1902. 8.	6년 10월	800	8,400	1,400
22	1900. 7. 23.	초가	10.5	1902. 10.	1년 3월	6,100	17,000	1,619

*자료: 한국역사연구회, 『대한제국의 토지제도와 근대』, 혜안, 2010에서 재인용, 가사문권(규21927) 협률사가사문권

림 등 모든 토지에 관한 내용을 측정하였다. 토지 측량 전담 부서로 양지아문을 설립한 후 조세수입을 늘리기 위해 한성부에서 측량을 시작하여 점차 전국으로 확대하였다. 1899년 양지아문에서 토지 조

사가 진행된 이후 한성부 토지 매매가 급격하게 증가하였다. 양지아문의 토지측량사업은 토지 측량의 방법 문제로 완성되지 못하고, 1901년 지계아문의 토지·가옥에 대한 관계발급사업으로 전환되었다.

[표 4-2]는 1888~1902년 동안 한성부 서부 지역(서서 지역 여경방) 22필지 토지와 가옥 매매 가격의 변동 추세를 보여 준다. 실제 토지 및 가옥의 매매 가격은 같은 기간 동안 거의 10배 이상 급등하였다.

이 같은 토지·가옥의 가격 상승률은 앞에서 살펴본 물가 상승률인 27.4%보다 크며, 물가로 디플레이트 시킨 실질 토지 가격 또한 급격히 상승했다는 것을 알 수 있다. 한성부 중심 지역의 토지 가격이 폭등하면서 그곳에 거주하던 조선인들은 가옥을 팔고 한성부 주변 지역으로 이사를 가면서 주거 이전이 자주 발생하였다. 예를 들어서, [표 4-2]에서 토지·가옥 매매 사례 21의 경우 1895년에 800냥을 주고 매입하였다가 6년 10개월 만에 팔았는데 매입가의 10배가 넘는 8,400냥을 받았다. 한성부 서부 지역의 토지·가옥 매매에서 특징적인 것은 토지와 가옥의 보유 기간이 1~2년 이내로 상당히 짧다는 것인데, 이는 가옥의 매매가 빈번하게 이루어졌으며 매매 가격이 폭등하면서 단기 차익을 실현하기 위한 것으로 보인다. 매도 일자별로 가옥의 칸당 가격을 살펴보면 가격 폭등의 추세를 분명하게 파악할 수 있다. 〈그림 4-3〉은 가사문권(규21927) 협률사가사문권의 자료를 이용해서 한성부 서부 지역(서서 여경방) 소재 가옥의 칸당 가격을 보여 준다. 1883~1904년 세 차례 화폐개혁으로 물가가 급등하면서 한성부의 토지 및 가옥의 가격도 급등하였다. 한성부

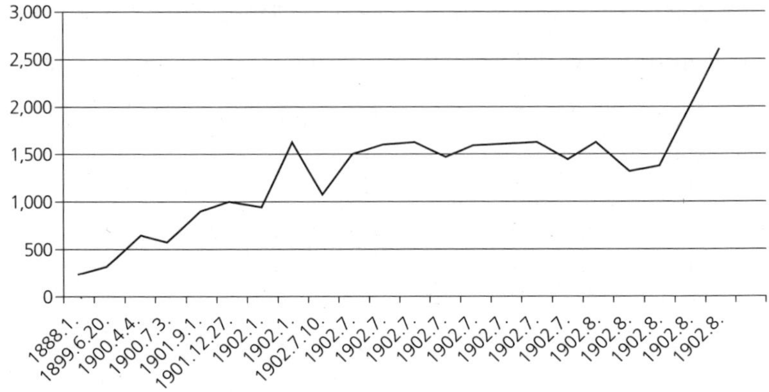

〈그림 4-3〉 1888~1902년 한성부 토지·가옥의 칸당 가격(단위: 냥)

*자료: 『대한제국의 토지제도와 근대』, 한국역사연구회(2010)와 가사문권(규21927) 협률사가사문권의 자료를 이용하여 필자가 작성하였다.

가옥은 1888년 칸당 가격이 241냥에서 1902년 1,600~2,000냥으로 급등하였으며, 7~8배 상승하였다. 이러한 토지 및 가옥의 가격 상승률은 물가 상승률보다 컸다.

일본 상인의 토지 매입이 급증하는 가운데, 일본은 광무개혁의 양전 사업과는 별도로 1905년 토지 제도를 개편하였다. 이는 조선의 토지 조사를 통해 토지의 효율적 관리를 꾀하고 근대적 국가 체제로 개편한다는 명목이었으나, 사실은 토지 관리를 통한 조세수입 증대를 목적으로 하였다. 일본은 토지 소유자에게 지권(토지 소유권)을 발급하고자 했는데, 조선 정부는 외국인의 토지 소유를 원칙적으로 반대하였다. 일본은 1906년 토지가옥증명규칙을 공포하고 모든 토지·가옥의 매매에서 관인 허가제를 도입하였으며, 외국인에게도 토지 소유를 허용하였다. 토지가옥증명규칙은 토지 소유권을 공식적으로 인정받는 제도로서, 토지의 매매·증여·교환·전당·보존 등을 목적으로 사용되었다. 1907년 하반기부터 토지·가옥에 대한 증명을 이용하는 건수가 급증하여 1910년에는 2~3배 증가하였으며, 토지 소유권의 보존증명을 제외하고도 전국적으로 6만 건이나 되었다(조선통감부, 『통감부통계연보』). 이 가운데 특히 일본인의 수답(논)에 대한 토지증명규칙 이용 실태가 40%를 차지할 정도로 그 비중이 급증하였다.[19]

4. 한전비가와 물가

1883~1904년 인플레이션 시기에 근대조선 화폐와 일본 화폐의 교환 비율인 한전비가, 특히 당오전과 백동화비가가 급격하게 하락하였다. [표 4-3]은 한전비가와 물가의 변동률을 비교한 것이다. 당오전비가는 1883년에 23% 이상 급락하여 1884년에는 34%까지 하락하였다. 1894년 일본이 청일전쟁 비용을 충당하기 위해서 일본 지폐를 대규모로 조선에 유통시킴에 따라 일본 화폐 대비 한전비가가 일시적으로 상승하였지만 이후에 다시 하락하였다. 이러한 한

19 일본 도지부사세국, 『한국의 토지에 관한 조사』, 1908, 9~11쪽(한국역사연구회, 『대한제국의 토지제도와 근대』, 2010, 480쪽 재인용).

[표 4-3] 1883~1904년의 물가 변동률(%)과 한전비가 하락률(%)

	국내 물가 변동률(%)	당오전비가 변동률(%)		국내 물가 변동률(%)	백동화비가 변동률(%)
1883	-23.45	-23.84	1894		
1884	93.63	-34.04	1895	-9.40	-0.96
1885	-29.79	-28.36	1896	-40.67	2.80
1886	10.01	11.82	1897	17.67	-14.00
1887	-30.16	25.17	1898	56.69	-2.30
1888	-7.04	-11.26	1899	-28.64	-9.62
1889	9.67	-16.77	1900	15.19	-24.13
1890	19.87	-27.77	1901	-14.63	-8.48
1891	-7.89	-18.34	1902	29.23	-21.12
1892	13.55	14.46	1903	40.31	11.07
1893	1.26	-6.18	1904	-3.50	1.22
			평균	5.33	-9.36

*김희호·이정수(2018)의 자료 참조

전비가의 하락은 크게 두 가지 요인에 의해 결정되었다. 우선, 조선 화폐 남발로 인한 한전 가치의 급격한 하락과 안전 자산으로서 일본 화폐의 선호 증가가 나타났다. 또한 조선과 일본의 무역 규모가 확대되면서 무역 결제 수단으로서 일본 화폐에 대한 선호가 증가하면서 한전비가는 더욱 하락하였다.

물가 상승률과 한전비가 하락률이 서로 유사한 변동 추세를 보이고 있는데, 이는 구매력 평가 이론에 따라 한전비가의 하락이 물가와 화폐적 요인에 영향을 받고 있다는 사실을 보여 준다. 하지만 당오전과 백동화가 남발되었던 인플레이션 시기에 한전비가 하락률이 물가 상승률보다 큰 것으로 보인다. 이는 일본이 화폐개혁을 주도하면서 한전비가를 물가 변동률보다 의도적으로 낮추었기 때문으로 추정된다. 국제 구매력 평가 이론에 따르면 두 국가의 통화 교환 비율인 환율의 변동률은 두 국가의 상대적 물가 변동률과 같아야 한다. 하지만 1883~1893년 당오전 남발과 1894~1904년 백동화 남발로 인한 물가 상승률은 5.33%였으나, 한전비가(환율) 하락률은 9.36%로서 물가 상승률보다 4% 이상 높았다. 이는 의도적으로 한전비가를 물가 변동률보다 크게 하락시켜서 미곡과 금을 보다 싸게 구입하여 일본으로 유출하려는 의도였다.

유럽 제국들의 식민지 정책은 산업혁명으로 인한 경제적 동기로 국가의 정치적·경제적 지배력을 분출하여, 다른 국가를 지배하려는 정책이나 시도이다. 따라서 유럽 제국들은 거의 대부분 산업혁명을 거치면서 대량 생산된 제품의 시장 확보와 원재료 공급 기지로서 식민지를 개척하였다. 하지만 일본은 산업혁명을 거치지 않았으며, 메이지 유신으로 인한 사회적 불만을 분출하고 자국의 경제발전을 목적으로 식민지 개척을 시작하였다. 따라서 일본의 대조선 식민지배는 대량 생산품의 시장 확보 측면보다는 자국 경제발전에서 부족한 저렴한 미곡과 금의 원료 공급 기지를 확보하려는 목적이 더 크게 작용하였다. 미곡과 금을 확보하기 위해 일본은 화폐침략을 치밀하게 준비했으며, 결국 일본 제국주의를 확장하고 조선 식민지를 화폐적으로 지배하였다.

광무
화폐

제5장

일본의 화폐침략

일본의 화폐침략

지금까지 근대조선에서 일본 상인의 무역 이윤 추구 과정이 수탈적이었는지에 대한 논의가 많지 않았다. 이는 이 시기 화폐량, 물가와 미곡 수출 가격에 대한 자료가 부족해서 일본 상인들의 무역 이윤을 검증할 수 없었기 때문이다. 또한 두 국가 간 무역은 상호 이익을 가져오므로 무역이 일방적으로 수탈적이라고 단정하기 어렵다. 여기에서는 1865~1910년 근대조선에서 일본 상인의 주요 수출 상품으로서 미곡과 금의 무역 이윤을 직접 측정해 보고, 무역 이윤이 수탈적이었는지를 살펴본다. 근대조선 무역에서 일본에 의한 수탈은 학자들마다 다양한 생각을 가지고 있으며, 무역 수탈이 있었는지 여부에 대해서도 일치하는 견해가 없다. 무역의 이윤 추구 과정에서 나타나는 수탈 이윤은 공정한 무역 과정에서 등가 교역 조건을 통해 얻을 수 있는 정상 이윤을 초과하는 이윤으로 정의한다. 이때, 정상 이윤은 같은 시기 정상 이자율인 8~10% 수준을 말하며 수탈 이윤은 정상 이자율을 초과하는 이윤을 말한다. 일본의 수탈적 무역 이윤이 왜 화폐전쟁의 결과인지를 이해하려면 화폐전쟁으로 인한 한전비가 하락을 주목할 필요가 있다.

앞에서 살펴보았듯이 근대조선은 화폐개혁으로 인해 화폐가 남발되면서 1876~1904년 동안 물가는 연평균 5.3% 급등하였고, 화폐량이 22.3% 늘면서 조선과 일본 화폐의 환율인 한전비가는 9.3% 하락하였다. 한전비가의 하락으로 일본 상인은 동일한 일본 화폐 단위를 가지고 더 많은 조선의 미곡과 금을 구입할 수 있었으며, 많은 유통 이익이 발생하였다. 물가 상승과 한전비가 하락이 미곡과 금의 수출 가격에 직접적으로 영향을 미치면서 일본 상인의 무역 이윤도 크게 증가하였다. 일본 상인의 유통 이윤과 무역 이윤의 크기를 직접 추정해 보면, 조선과 일본의 화폐전쟁이 조선에 가져온 경제적 수탈의 크기를 가늠해 볼 수 있다.

개항 초기 일본 상인들은 개항지의 일본인 거주지를 중심으로 거주와 이동의 제약을 받았지만 점차 이동 범위가 확대되었다. 1883년 7월 조일통상장정에 의해 해관세가 설정되기 전에는 관세를 면제받았다. 처음 일본 상인은 영국에서 옥양목 등 면제품을 일본으로 수입한 다음, 다시 조선으로 수출하는 중개무역을 하였다. 일본 상인은 옥양목 수출 대금으로 조선에서 미곡과 금을 수집하여 일본으로 수출함으로써 무역 이익을 얻었다. 근대조선에서 화폐개혁으로 한전비가가 하락하였고 이를 통해 일본 상인은 조선의 미곡과 금을 이전보다 싸게 매입하여 일본으로 수출할 수 있었다.

결론부터 얘기하자면 일본 상인의 미곡 무역 이윤율은 무역 운송비(15%)를 제외하면 8.4%로서 정상 이윤에 가깝다. 하지만 일본 상인의 유통 이윤은 거간과 객주의 중간 수수료율 18.14%와 한전비가 하락률 9.3%를 고려하더라도 연평균 33.15%로서 상당히 수탈적이었다. 조선 식민화가 본격화되는 1901~1904년 일본 상인의 금 무역 이윤율도 25% 이상으로 수탈적이었다. 같은 시기 조선의 대일 교역 조건은 1880년 기준 50~60%에 그쳐서 악화되었으며, 대일 무역은 부등가 교환이었다. 이러한 일본 상인의 무역과 유통 초과이윤을 가져온 중요한 요인은 화폐 남발, 인플레이션과 한전비가 하락 등 화폐개혁으로 인한 화폐적 요인이었다. 이러한 결과는 지금까지 근대조선의 화폐 자료 부족으로 정확하게 검증하지 못한 일본 상인의 무역 이윤 획득 과정을 화폐적 측면에서 분석하고 있다는 점에서 의미가 크다.

1. 미곡 무역 수탈

개항기 일본 상인이 조선에서 쌀을 매입하는 과정은 앞에서 설명한 것과 같다. 먼저, 선대금을 주고 객주를 활용하여 곡물을 매입하는 행위는 토지 소유권이 없는 외국인이 곡물을 수집하는 효율적인 방법이며, 토지 소유권을 대체할 수 있는 대안이었다. 또한, 일본인이 직접 토지를 매입한 다음 조선인에게 소작을 주고 미곡을 생산하거나, 입도선매를 통해 농가에 대금을 주고 생산량과 관계없이 궁박 판매를 강요하기도 했다. 조세의 금납화와 외획 제도를 활용하여 지방관 또는 지역 객주를 통해서도 쌀을 매입하였다.[20]

한편, 일본 상인은 지역 객주를 통해 수출 상품인 미곡과 금을 매집하였으며 무역이 확대되면서 외환시장도 확대되었다. 이때, 일본 상인은 조선의 미곡과 금을 일본으로 수출하고 일본 화폐를 받아서 다시 조선에서 한전으로 바꾸었다. 한전비가가 하락할수록 동일 액수의 일본 화폐를 더 많은 한전으로 교환하였으며, 큰 환차익을 얻었다. 일본 상인을 통해 일본 화폐를 받게 된 조선 객주는 다시 수입 상품을 구입하였다. 결국, 일본 상인의 조계지가 개항지 근처로 제한되더라도 객주와 무역을 통해 일본 화폐의 유통은 점차 확대되었다.

일본 상인에 의한 조선 미곡의 수출은 두 가지 단계에서 경제적 수탈이 발생하였다. 첫 번째 수탈은 일본 미가와 조선 미곡 수출 가격의 차이에서 발생한 무역 이윤이며, 두 번째 수탈은 조선 미곡 수출 가격과 국내 생산 미가의 차이에서 발생한 유통 이윤이다. 미곡의 유통 이윤은 국내 객주를 통해 생산지에서 미곡을 매매하고 수출항까지 운반하는 유통 과정에서 발생하는 이윤으로서, 미곡의 수출 가격에서 생산 가격, 중간객주 수수료, 한전비가 하락률 등을 뺀 차익이다. [표 5-1]은 일본 상인의 조선 미곡 무역에서 발생한 무역 이익과 유통 이익을 구체적으로 계산하기 위해서 조선의 미곡 수출

20 개항기 외획 문제를 다룬 연구로는 도면회(1989), 김윤희(1998)를 참조하기 바란다.

[표 5-1] 근대조선의 수출 미가, 국내 미가와 일본 미가(단위: 엔/석)

	조선 수출 미가(엔/석)	일본 미가(오사카, 엔/석)	조선 생산 미가(엔/석)	수출 미가/일본 미가
1876			0.66	
1877	4.12		0.54	
1878	3.85		0.53	
1879	5.25		0.49	
1880	7.825		0.41	
1881	8.45		0.51	
1882	7.72		0.91	
1883	6.02	6.14	0.69	0.98
1884	5.05	5.13	1.34	0.98
1885	3.96	5.82	0.94	0.68
1886	3.57	5.32	1.04	0.67
1887	3.32	4.92	0.72	0.67
1888	3.39	4.59	0.67	0.74
1889	5.61	5.71	0.74	0.98
1890	5.82	8.33	0.89	0.70
1891	4.9	7.02	0.82	0.70
1892	5.11	7.48	0.93	0.68
1893	5.39	7.27	0.94	0.74
1894	5.84		2.25	0.72
1895	6.05	9.00	2.04	0.67
1896	6.91	9.82	1.21	0.70
1897	7.99	11.35	1.42	0.70
1898	10.57	11.13	2.23	0.95
1899	7.5	9.71	1.59	0.77
1900	7.91	10.79	1.84	0.73
1901	7.55	11.63	1.57	0.65
1902	9.28	12.19	2.02	0.76
1903	10.18	13.6	2.84	0.75
1904	10.37	13.0	2.74	0.80
1905	10.95	12.57	2.08	0.87
1906	12.04	14.09		0.85
1907	13.43	15.55	0.16	0.86
1908	12.91	15.25	0.18	0.85
1909	10.79	12.75	0.18	0.85
1910	11.32	12.67	0.12	0.89
평균	7.41	9.73	0.32	

* 조선의 수출 미가는 부산항과 인천항 수출 가격을 기준으로 하였으며, 수출 미가와 일본 미가 자료는 하원호(1997), 오두환(1991)에서 발췌하였다. 조선의 생산 미가는 경상도와 전라도의 미가를 가중 평균한 값이며, 벼의 경우 도정률 72%를 적용하여 미가를 계산하였다. 생산 미가 자료는 이영훈·박이택(2004)에서 발췌하였다.

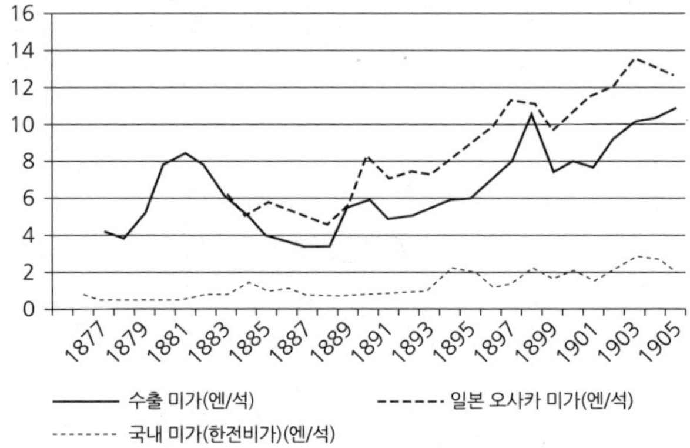

〈그림 5-1〉 근대조선의 수출 미가, 국내 생산 미가와 일본 미가(단위: 엔/석)
*[표 5-1]의 미가 자료를 참조하였다. 조선 수출 미가와 일본 미가 자료는 하원호(1997), 오두환(1991)에서 발췌하였고 조선의 생산 미가 자료는 이영훈·박이택(2004)에서 발췌하였다.

가격, 일본(오사카) 미가와 국내 생산 미가의 추세를 비교한 것이다. 편의를 위해서 모든 조선 화폐 단위를 같은 시기 한전비가를 사용해서 일본 화폐인 엔화로 전환하여 통일하였다. 일본(오사카) 미가는 1883년부터 1910년까지 점차 상승하였으며, 상승률 추세가 조선 수출 미가의 상승률과 크게 다르지 않았다. 이는 조선 수출 미가는 변동성이 크지만 장기적으로 일본 미가와 거의 같이 변동하고 있다는 것을 보여 준다. 일본 상인들 간의 미곡 수출 경쟁이 치열해지면서 조선의 수출 미가는 일본 미가에 점차 근접해졌다.

〈그림 5-1〉은 국내 생산 미가, 수출 미가, 일본 미가의 변동을 그래프로 나타낸 것이다. 이를 통해 일본 미가와 조선 미곡의 수출 가격이 거의 유사하게 움직이고 있다는 것을 보다 분명하게 알 수 있다.

1876~1904년 조선의 수출 미가는 평균 7.41엔/석으로서 일본(오사카) 미가인 9.73엔/석보다 23.4% 낮았다. 개항 초기 일본 미가는 조선 미곡의 수출 가격보다 상당히 비쌌지만, 점차 조선 수입쌀의 품질이 좋아지고 경쟁이 심화되면서 일본과 조선에서 미곡 가격의 차이가 점차 좁혀졌다.

[표 5-2]는 근대조선에서 일본 상인이 미곡 무역 이윤을 획득하는 과정에서 나타난 무역 이윤, 한전비가 하락률, 유통 이윤, 중간객주 수수료율을 직접 계산해서 나타낸 것이다. 일본 미가와 조선 수출 미가의 차이인 무역 이윤은 점차 줄어들었다. 일본 미곡 가격을 기준으로 한 무역 이윤율은 평균 23.4%였지만, 무역 운송비 15%[21] 정도를 제외하면 순 무역 이윤율은 8.4%이다. 무역 운송비는 선박 운임, 창고료, 집하 및 하역 비용, 보험료 등을 포함한다. 이 시기 조선의 정상 이자율 수준이 8~10% 정도였음을 감안하면 8.4%의 순수 무역 이윤율은 정상적 이윤에 가깝다.

하지만 일본 상인은 미곡 무역을 할 때 유통 과정에서 무역 이윤보다 훨씬 큰 이윤을 남긴 것으로 보인다. 조선에서 일본 상인의 유통 과정은 두 단계로 나누어 볼 수 있다. 첫째, 조선 내륙의 미곡 생산지에서 거간과 객주를 통해 미곡 저장 창고나 수출항으로 운반하는 과정, 둘째, 수출항에 도착한 미곡을 선박에 집하하여 일본으

21 무역 운송 비용은 15% 수준으로 높은 편인데, 당시 무역 운송 수단인 선박 공급이 제한적이어서 운송 비용이 높았던 것 같다.

[표 5-2] 일본 상인의 미곡 무역 이윤율, 환차익율과 유통 이윤율(단위: %, 일본 미가 기준)

	무역 이윤율(%)	한전비가 변동률(%)	유통 이윤율(%)	중간상인 수수료율(%)	순 유통 이윤율(%)
1882					
1883	1.87	-23.84	62.99	20.00	42.99
1884	1.56	-34.04	38.21	18.35	19.86
1885	31.96	-28.36	23.48	19.57	3.91
1886	32.89	11.82	59.42	19.05	40.38
1887	32.52	25.17	77.92	28.17	49.75
1888	26.14	-11.26	47.92	29.33	18.59
1889	1.75	-16.77	68.54	26.40	42.15
1890	30.13	-27.77	31.47	28.77	2.70
1891	30.20	-18.34	39.84	30.60	9.24
1892	31.68	14.46	70.40	22.74	47.66
1893	25.86	-6.18	55.06	19.96	35.10
1894	27.90		44.28	10.85	
1895	32.78		44.54	13.33	
1896	29.63		58.04	22.22	
1897	29.60		57.84	19.41	
1898	5.03	-2.30	72.61	11.70	60.92
1899	22.76	-9.62	51.21	13.59	37.63
1900	26.69	-24.13	32.17	11.89	20.28
1901	35.08	-8.48	42.96	13.62	29.35
1902	23.87	-21.12	38.40	9.50	28.89
1903	25.15	11.07	65.04	6.50	58.54
1904	20.23	1.22	59.90	7.16	52.74
1905	12.89			10.48	
평균	23.40	-9.36	52.09	18.14	33.15

*미곡의 무역 이윤은 일본 미가-수출 미가, 미곡의 유통 이윤은 한전비가 하락률을 제외한 유통 과정에서 발생하는 이윤이며, 수출 가격-국내 생산 가격-중간상인 수수료이다. 한전비가는 당오전과 백동화의 비가를 나타낸다. [표 5-1]의 미가 자료를 참조하여 미곡의 무역 이윤을 필자가 직접 작성하였다. 조선의 수출 미가와 일본 미가 자료는 하원호(1997), 오두환(1991), 조선의 생산 미가 자료는 이영훈·박이택(2004)에서 발췌하였다. 한전비가 변동률은 김희호·이정수(2018), 중간상인 수수료율은 조기준(1961), 박원선(1968), 강만길(1984)에서 인용하였고, 유통 이윤율과 순 유통 이윤율은 필자가 직접 작성하였다.

로 수출하는 절차를 마치는 과정이다. 첫 번째 유통 단계에서 미곡을 생산지로부터 내륙 저장 창고나 수출항으로 운반하는 데 중간상인인 거간과 객주의 역할이 크다. 객주들은 일본 상인의 미곡 거래 계약 체결을 용이하게 하고, 미곡 시장의 상황, 거래 당사자의 신용 상태 등을 탐지하여 조언을 해 미곡 매매를 원활하게 하고 중개 수수료를 받았다. 이들은 일본 상인의 미곡 무역을 보조했지만, 자본이 큰 객주들은 위탁 매매업과 대부업같이 스스로 거래 당사자가 되기도 하였다. 객주는 경향 각지에서 모여드는 거간을 활용하였는데, 거간은 개별 상거래에 개입하여 미곡 흥정을 맡아서 했다.[22] 거간은 곡물의 경우 1석에 2전 내지 4전, 기타 잡화물의 경우 거래 가격의 1%를 매입하는 사람[賣主]으로부터 수수료로 받았다. 한편, 객주는 내외(內外) 구전(口錢)을 수수료로 받았다. 내구(內口)는 매입하는 사람에게서 곡물 1석에 10전 내지 20전, 어염(魚鹽)은 매매 가격의 10%를 징수하였고, 외구(外口)는 거간 수수료에서 반액을 징수하였다. [표 5-2]의 네 번째 항목은 실제 미곡 1석의 당시 가격을 적용해서 거간과 객주 등 중간상인의 수수료율을 산출한 것으로, 중간상인의 수수료율은 평균적으로 미곡 가격의 18.14%에 달했다. 1890년 부산과 인천에 객주 25개소를 설치하여 도매업·창고업·운송업 등을 수행하고 구전을 받도록 하였으나 1930년 철폐되었다.[23]

---

22 여각은 엄밀한 의미로는 객주와 다르지만 지방에 따라서 구별하지 않는 곳도 있었다. 자본의 규모에 따라 자본이 많은 편을 여각, 적은 편을 객주로 구별할 수 있다.

23 조기준(1961), 박원선(1968), 강만길(1984) 참조.

두 번째 유통 단계는 수출항에 도착한 미곡을 선박에 집하하여 일본으로 수출하는 절차를 마치는 과정이다. 여기에서 중요한 것은 조선 미곡의 수출 가격을 결정하는 것인데, 일본 상인의 미곡 수출 가격은 생산 가격에 중간상인 수수료와 유통 마진을 더하고, 한전비가 환율을 적용해서 결정된다. 조선 미곡 수출 가격은 국내 미가보다 훨씬 높았는데, 이는 중간상인의 중개수수료와 수출항으로 운반하는 유통 비용, 한전비가 하락률을 모두 포함했기 때문이다. 미곡 수출 가격과 생산 가격은 [표 5-1]에 기록되어 있으며, 한전비가 변동률과 중간상인 수수료율은 [표 5-2]의 두 번째와 네 번째 항목에 나타나 있다. [표 5-2]에서 한전비가는 조선 화폐의 남발로 연 9.36% 하락하였으며, 그 결과 조선 미곡의 수출 가격도 불규칙하고 변동성이 컸다.

〈그림 5-2〉는 [표 5-2]에 나타난 일본 상인의 미곡 유통 이윤의 변동을 보여 준다. 일본 상인의 유통 이윤율은 수출 미가와 국내 미가의 차이에서 단계별로 중간상인 수수료율과 한전비가 변동률을 빼 주면 연평균 33.15%였다. 이러한 일본 상인의 유통 이윤율은 한전비가 변동률(-9.36%)과 순 무역 이윤율(8.4%)보다 3배 이상 높았으며, 정상 이자율 8~10%를 크게 초과하여 수탈적이었다.

미곡의 유통 이윤을 극대화하기 위해서 일본 상인은 유통 단계에서부터 미곡을 싸게 매입하려고 매입 방식을 점차 교묘하게 바꾸었다. 초기에는 단순하게 객주를 활용해 미곡을 유통하다가 점차 지방 관리를 통해 조세 금납화와 외획 제도를 이용해 유통 과정에서

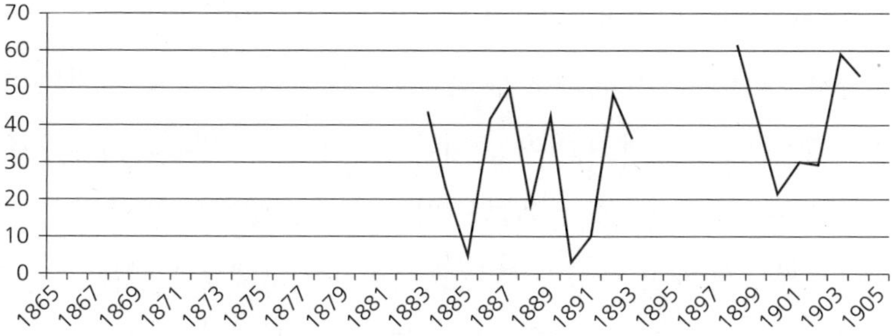

〈그림 5-2〉 일본 상인의 조선 미곡 유통 이윤율(단위: %)

미곡을 싸게 매입하였다. 또한 화폐개혁을 통해서 한전비가를 낮추면 일본 상인은 같은 액수의 일본 화폐를 가지고 더 많은 국내 미곡을 매입할 수 있었다. 외획 제도를 이용하여 지방관과 결탁해서 공전을 사용하고 무미(貿米) 활동으로 미곡 가격이 하락하는 것을 이용해서 초과 유통 이윤을 남겼다. 특히, 물가 상승과 관계없이 미곡의 유통 이윤율이 꾸준하게 유지되었다는 것은 국내 미곡 시장이 발달하지 못했으며, 일본 상인의 유통 지배도 지속적이었다는 것을 의미한다.

일본 상인의 무역 수탈은 조선과 일본의 화폐전쟁으로 인한 한전비가 하락과 화폐적 침략의 결과이다. 이러한 일본의 무역 수탈과 화폐침략 의견에 대해 반대하는 이들은 무역의 상호 이익 원리를 근거로 들고 있다. 일본 상인들이 미곡과 금 무역에서 유통 이윤이 발생했다 하더라도, 조선은 일본과 무역을 통해 상호 이익과 교역 조건 개선 이익을 얻을 수 있었다는 주장이다. 즉, 교역 조건 개선의 효과는 조선의 미곡 생산 가격이 아주 낮았지만, 일본과의 무역을 통해 이전보다 가격을 높게 받을 수 있게 되며, 수출 가격의 개선 효과로 인해 경제 이익이 존재한다는 것이다. 일본과의 무역으로 인한 이러한 교역 조건 개선의 이익이 일본 상인의 무역 유통 이윤을 훨씬 초과해서 결국 개항은 근대조선에 경제적 이익을 주었다는 것이다. 실제 이 같은 상반된 주장을 확인해 보기 위해서 근대조선의 미곡 수출 가격과 옥양목 수입 가격을 참고해 수출 교역 조건을 살펴보았다.

조선은 일본으로부터 금건사와 옥양목(시팅) 등 공산품을 수입했으며, 미곡과 금을 일본으로 수출했다. 실제 대일 무역에서 조선 미곡의 교역 조건은 1880년=100을 기준으로 조선의 미곡 수출 가격(엔/석)을 일본의 옥양목 수입 가격으로 나눈 값으로 계산하였다.[24] 〈그림 5-3〉은 조선의 대일 무역 교역 조건 변동을 나타내고 있다. 그림에서 조선 미곡의 교역 조건은 개항 직후 급격하게 하락했다가 점차 개선되었지만, 부등가 교환으로 교역 조건의 개선 이익은 발생하지 않았다. 두 국가의 교역 조건은 등가 조건으로 교환될 때 100을 기준으로, 교역 조건이 100 이상으로 개선되면 이익이 발생한 것으로 볼 수 있다. 하지만 조선의 미곡 교역 조건은 1880년 대비 50~60% 수준을 보이고 있으며, 점차 개선되었지만 1905년 이후에야 100에 근접하고 있다. 즉, 초기 개항 이후 근대조선은 일본과

24 조선과 일본의 주요 상품 수출 가격은 오두환(1991)에서 발췌하였다.

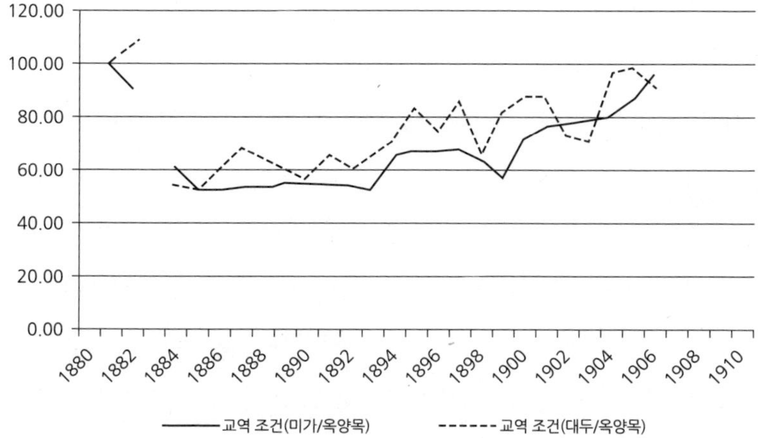

〈그림 5-3〉 조선의 대일본 교역 조건(1880=100)

*조선과 일본의 주요 수출품 가격에 대한 자료는 오두환(1991)을 참조하였으며 교역 조건은 필자가 직접 산출하였다.

의 미곡 무역에서 불리한 부등가 교환이 발생하였으며, 조선의 교역 조건은 개선되기보다는 오히려 악화되었다. 결국 일본 상인의 무역 이윤 획득 과정에서 유통 이윤이 수탈적이었으며, 조선과 일본의 교역 조건도 조선에 불리하게 부등가 교환으로서 무역 수탈 이윤을 상쇄하지 못하였다. 다음 절에서는 근대조선에서 일본 상인의 금 무역 이윤을 구체적으로 계산해 보았으며, 금 무역도 미곡 무역과 같이 수탈적이었는지를 확인해 보았다.

2. 금 무역 수탈

일본 주도의 화폐개혁으로 조선의 한전비가가 하락하면서, 일본 상인들은 조선에서 같은 액수의 일본 화폐를 가지고 더 많은 금과 미곡을 구매할 수 있었다. 한전비가의 하락과 별도로 일본 상인들은 여러 방법으로 금 가격을 자신들에게 유리하게 조정하여 국제가격보다 약 30%나 싸게 구입하는 가격 수탈을 시도하였다. 특히, 금의 시세는 국제 금 시세를 기준으로 금의 질적 수준과 칭량에 따라 거래되었는데, 이 과정에서 시세에 익숙하지 못한 조선인을 상대로 속임수를 써서 착취하기도 하였다. 또한 일본이 조선의 해관을 장악했기 때문에 무관세로 금을 수시로 반출할 수 있었다. 일본은 조선에서 단순히 거래를 통한 금 유출에 만족하지 않고 조선의 금광 개발에도 적극 뛰어들었다.

일본은 미국에 의해 강제 개항한 후 1871년에 선진 제국주의 국가들과 같이 형식적으로 금 본위제도를 채택하였다. 일본 1엔의 (지)금 무게는 1엔=금 1.5g(0.048troy oz), 은 24.26g(0.780troy oz)으로 정하였다. 1882년 일본 중앙은행을 설립하였으며, 일본 1엔=미국 1달러의 환율을 적용하였다. 하지만 1873년 이후 은의 가치 하락과 함께 엔화 가치도 하락하여 1894년에 엔/달러 환율은 1엔=0.5달러로 조정되었는데, 그 환율은 1931년까지 유지되었다. 이후 엔화 환율은 더욱 하락하여 1932년 1엔=0.3달러, 1933년 1엔=0.2달러, 1941년 1엔=0.23달러로 조정되었다.[25]

1894~1904년에 일본 1엔=0.5달러의 환율을 적용하면 국제 금 가격(미국 달러 표시/troy oz)을 일본 엔화 표시 가격으로 전환할 수 있다(엔/100돈; 100돈=12troy oz=375g). 조선 금 가격에 대한 자료는 구하기가 쉽지 않지만, 그 당시 여러 관련 자료들을 통해 어느 정도 금 가격의 시계열 자료를 구할 수 있었다. 1894~1901년의 경우는 주요 금 광산 지역 부근이나 금 거래 시장이 존재하는 원산과 부산 등에서 산발적으로 구한 자료를 이용하였다. 1902~1905년은 일본에서 조선의 금을 본격적으로 유출하기 위해 설치한 금 분석소의 자료를 활용하였다. 다만, 금 수출 가격은 금 매입 가격에서 수출 보험과 운임, 이윤을 합한 가격인데, 이 추가 비용은 100돈당 10~15엔 정도로 추정된다. 따라서 금 수출 가격은 경성 금 매입 가격에 수출 추가 비용 10엔을 더한 값으로 추정하였다. 추정한 국제 금 가격과 조선 금 수출 가격은 [표 5-3]에 나타나 있다.

표에서 보는 바와 같이, 근대조선의 금 수출 가격은 1895년 453.6엔/100돈에서 1900년 494엔/100돈까지 상승하다가, 1901년부터 하락하여 1902년에는 395.1엔/100돈, 1903년 398.5엔/100돈, 1904년 417.1엔/100돈의 추이를 보였다. 따라서 근대조선의 금 수출 가격은 평균 455엔/100돈 정도였음을 알 수 있다. 그런데 1894~1905년 동안 국제 금 가격은 평균 496엔/100돈으로, 거의 일정하게 유지되었다. 이를 통해 조선의 금 수출 가격이 국제 시세

---

25 Laughlin, L.(1897) 참조.

[표 5-3] 근대조선의 국제 금 가격과 조선 금 수출 가격(단위: 엔/100돈)

	국제 금 가격 (엔/100돈)	조선 금 수출 가격 (엔/100돈)	금 수탈 이익 (엔/100돈)	금 수탈 이익률 (%)
1894	495.84	-	-	-
1895	495.6	453.6	42.0	9.3
1896	497.04	457.2	39.84	8.7
1897	497.04	476	21.04	4.4
1898	497.04	483.2	13.84	2.9
1899	495.84	488.6	7.24	1.5
1900	496.32	494	2.32	0.5
1901	497.04	492.5	4.54	0.9
1902	496.56	395.17	101.39	25.7
1903	496.08	398.52	97.56	24.5
1904	496.32	417.1	79.22	19.0
1905	495.36	-	-	-
평균	496.43	455.59	40.90	9.7

*『통상휘찬』 각호 및 제27호를 참고하였다. 국제 금 시세는 런던 금 거래소(LME), London Fix gold data와 KITCO.com에서 발췌하였다. 일본 화폐의 금 가치는 Laughlin(1997), 금 분석소의 금 구입 가격은 박찬일(1982)에서 발췌하였다. 금 수탈 이익률은 조선의 금 분석소에서 구입한 금의 가격과 국제 시세를 이용하여 필자가 별도로 계산하였다.

에 비해 전반적으로 낮았음을 알 수 있고, 특히 금 분석소가 설치된 1902년 이후에는 훨씬 더 낮게 수출되었음을 확인할 수 있다.

〈그림 5-4〉는 국제 금 가격과 조선의 금 수출 가격의 차이를 금 수탈 이익으로 나타낸 것이다.

그림에서 금 수탈 이익은 1895년 42엔/100돈이던 것이 중국과 일본 상인의 경쟁이 본격화되면서 1900년에는 2엔/100돈 정도로 격차가 작아졌다. 하지만 1902년 일본의 금 분석소가 설치된 이후 금 수탈 이익이 다시 증가하여 1902년 101엔/100돈, 1903

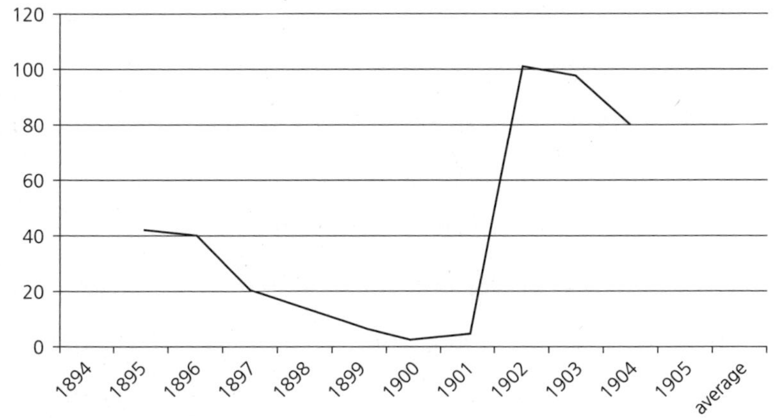

〈그림 5-4〉 일본의 조선 금 수탈 이익(단위: 엔/100돈)
*[표 5-3]을 근거로 필자가 작성하였다.

년 97엔/100돈, 1904년 79엔/100돈으로 증가하였다. 금의 국제 시세와 조선 수출 가격 차이를 감안하여 금 수탈 이익률을 살펴보면, 1895~1901년까지는 비교적 낮은 0.5~9.3% 정도였지만 1902~1905년은 19~25.7%로 급격하게 증가하였다. 이같이 일본의 조선 금 수탈 이익률이 1902년 이후 급격하게 상승하는 원인은 청일전쟁 이후 일본의 조선 지배력이 강화되면서 중국 상인의 비중이 급감하고 조선 금의 수탈이 더욱 강화되었기 때문이다. 이는 일본 상인에 의한 조선 금 수출 비중의 변화를 살펴보면 더욱 잘 알 수 있다. 앞에서 살펴본 것과 같이 조선의 대일본 금 수출 비중은 1894~1899년에 50~70%였는데, 1900년 84%, 1901년 97%, 1902년 99%, 1904년 100%로 급증하였다. 이처럼 조선 금의 대일본 수출 비중이 높아짐에 따라 조선의 금 수출 가격이 급격하게 낮아지고, 일본의 금 수탈 이익률이 급격히 증가했다.

지금까지 학계에서는 근대조선의 무역에서 일본 상인의 이윤 획득 과정을 조선 정부의 지원 정책 부재와 일본 상인의 유통망 장악이라는 틀 속에서 접근한 견해가 많다. 하지만 일본의 대조선 무역은 수탈적이었으며, 화폐적 침략의 경로를 보여 준다. 이러한 일본의 대조선 무역 수탈을 화폐적 침략의 측면에서 바라보는 것은 새로운 가설로서 의미가 크다. 근대조선의 화폐개혁은 화폐 남발, 인플레이션과 한전비가 하락을 초래했고, 이는 다시 일본 상인의 무역과 유통에 유리한 조건을 마련하였으며 막대한 초과이윤을 가져왔다. 결국, 일본의 조선 식민화 과정은 처음에는 화폐전쟁의 성격을 띠었으며, 화폐적 침략이었다.

광무 화폐

제6장

근대조선의 화폐량

근대조선의 화폐량

개항 이후 근대조선에서는 상평통보(엽전), 당백전, 당오전, 평양전 및 백동화, 적동화, 황동화 등이 발행되었다. 특히, 당오전과 평양전, 백동화가 남발되었으며 이들 동전의 밀주와 사주가 성행하였다. 개항으로 외국 무역이 증가하였으며, 외국 화폐의 사용도 증가했다. 일본 화폐(은화, 지폐, 제일은행권)와 중국 마제은화, 러시아 은화, 멕시코 은화 등이 함께 유통되었다. 하지만 근대조선에는 화폐의 발행과 유통을 체계적으로 관리하는 기관이 없었으며, 1883년 전환국 설립 이후에도 상평통보, 당오전, 평양전, 백동화 등 한전이 얼마나 발행되었는지에 대한 정확한 자료를 확인할 수 없다.

기존 연구는 근대조선의 화폐개혁을 일본이 주도한 화폐 제도의 근대화 과정으로 파악하고 있다. 하지만 일본 주도 화폐개혁이 조선 경제에 어떻게 화폐적으로 영향을 미쳤는지에 대한 구체적인 분석은 거의 없다. 19세기 말 근대조선의 화폐량 자료가 불명확하고,

국제 금 본위제도의 확산 과정에서 일본 화폐와 지금(地金)의 성격에 대한 규명이 부족하여서 근대조선의 화폐사 연구는 공백이 많았다. 실제 개항 이후 일본이 주도한 화폐개혁과 일본 화폐 유통이 조선 경제에 미친 영향을 제대로 파악하는 것이 광무개혁의 의미를 평가할 수 있는 방법이다. 특히, 대한제국에서 일어난 조선과 일본의 화폐전쟁 과정을 살펴보기 위해서는 이 시기 발행되고 유통된 근대조선의 화폐량을 측정하는 작업이 가장 시급한 과제이다.

필자는 처음으로 1865~1910년 국제 금의 이동을 바탕으로 근대조선의 화폐량을 체계적으로 추정해 보고자 한다. 앞에서 근대조선의 화폐에 대한 연구들이 있었지만, 주로 조선과 일본 정부에서 발행한 공식적인 화폐 자료만을 바탕으로 하고 있어서 이 시기 당오전과 평양전, 백동화와 한전의 사주, 밀주에 대한 자세한 사료를 찾을 수 없다. 일본 화폐를 포함한 외국 화폐의 범람과 동과 금, 은의 유출입도 이 시기 화폐량 자료를 구축하는 데 많은 어려움을 준다. 이 책은 먼저, 근대조선에서 발행된 상평통보, 당백전, 당오전, 평양전, 백동화 등 한전 주전량을 추정해 보고, 둘째, 금, 은, 동의 국제적인 시세 변동에 따라 근대조선의 금 유출량, 일본 화폐 유입량, 한전을 용해한 이후 동으로 수출한 양을 체계적으로 추정하였다. 셋째, 한전과 일본 화폐량, 금의 화폐 전환량 등을 모두 합하여 근대조선의 총 화폐량을 추정하였다. 이 책의 의미는 19세기 말 국제 금 본위제도의 시각에서 근대조선의 화폐량을 다시 정리해 보고, 이를 통해 화폐 자료 부족으로 연구가 미진했던 근대조선의 화폐와 물가, 무역사 연구에 대한 토대 자료를 제시하는 것이다. 근대조선의 화폐량을 측정하기 위해 한전인 상평통보, 당오전, 백동화와 무역으로 유입된 일본 화폐와 유출된 금의 이동을 모두 포함하여 추정하였다. 화폐량 추정에서 한전(엽전과 백동화)어음, 동전의 자연 마모와 손실률(15% 정도), 일본 (구)은화의 환수를 고려하지 않아서 추정 화폐량과 실제 화폐량에는 약간의 차이가 발생할 수 있다.

이 책은 국제 금 본위제도의 관점에서 근대조선의 화폐량 변동을 시기적으로 크게 1865~1892년 개항기, 1893~1904년 신식화폐발행장정 시기, 1905~1910년 화폐정리사업 시기로 구분하였다.

1. 상평통보와 당오전

1865~1892년 근대조선에서 가장 혼란스러운 화폐량 자료는 상평통보와 당오전 주전량이다. 이 시기 조선 정부는 화폐의 발행과 유통에 대한 체계적인 관리 시스템이 없었기 때문에 당오전은 남발되었고 평양전은 민씨 일가에 의해 사적으로 주전되었다. 심지어 양질의 상평통보가 용해되어서 질이 나쁜 평양전으로 주전되기도 했다. 따라서 이들 두 동전에 대한 정확한 자료를 구하기는 어렵지만, 일본 대장성 자료, 『통상휘찬』과 식민지 시기에 발표된 일본 학자의 논문 자료를 참고하여 역으로 상평통보와 당오전의 주전량을 추정해 보았다. 이를 위해서 개항기 조선의 화폐량에 큰 영향을 미

친 사건들을 살펴보고 그로 인해 파생된 동전 주전량을 추정하였다.

먼저, 1866년 대원군 집권 이후 국가 재정 확보와 왕실의 권력 강화를 위해 고액전인 당백전 1600만 냥을 발행하여 유통시켰다.[26] 당백전의 재질 가치는 상평통보의 5~6배에 지나지 않지만 액면 가치는 100전으로, 약 20배에 달하는 주전 차익을 가져왔다. 하지만 통화 가치에 대한 백성의 신뢰 문제와 물가 폭등으로 인해 발행 6개월 만인 이듬해에 주조와 유통이 금지되었다. 1867년 당백전 폐지로 부족한 화폐 공급을 메우기 위해 중국의 역관이 도입한 청전(가경, 도광, 동치 통보)을 수입하여 통용시켰다. 청전의 통용 가치는 상평통보의 액면 가치와 동일하지만 실제 소재 가치는 상평통보의 1/3 수준에 불과한 악화였다. 1874년 일본에 의해 유통이 금지되기 전까지 약 300만~400만 냥의 청전이 수입되어 통용되었다.[27] 청전 유통량은 그 당시 유통된 상평통보 1000만 냥의 30~40%에 달하였다. 당백전이 한성 주변에서만 사용된 반면, 청전은 전국적으로 사용되어 그 화폐적 효과는 훨씬 컸다.

1876년 일본과 강화도 조약을 체결하면서 일본과 서구 열강과의 본격적인 무역이 개시되었다. 1876~1882년 동안에 조선은 유럽과 일본으로부터 주로 면제품을 수입하는 대신 미곡, 대두와 금을 수출하였다.[28] 초기에는 일본인 거주지에서만 일본 화폐 유통을 허용

26 최호진(1974), 156쪽 참조.
27 원유한(1967), 316쪽 참조.
28 姜德相(1962), 265쪽 참조.

하여 일본 태환권과 일본 1원(엔) 은화가 제한된 범위에서 유통되었지만 점차 일본인의 거주지가 확대되면서 일본 화폐의 사용 범위가 넓어졌다. 이 가운데 부산 거주 일본인들을 위한 금융기관으로 일본의 제일은행이 설립되었고, 무역 확대에 따라 일본은행권의 유통도 증가하였다.[29]

1883년 '화폐조례 육조'의 시행과 함께 전환국이 설치되고 당오전이 발행되었으며, 일본의 근대 화폐 제도인 은 본위제도를 따라서 대동은화를 발행하였다. 유통 화폐 부족을 메우기 위해 금, 은, 동전과 지폐의 사용을 동시에 허용하였다. 하지만 금과 은에 대한 한전의 공식 교환비율인 한전비가에 대한 기준이 없어서 한전비가는 시장에서 변동성이 극심했다. 당오전은 동전 주전 차익을 통해 재정을 충당하고 화폐 부족을 타개할 목적으로 주로 발행되었기에 무분별하게 남발되었고, 물가는 폭등하였다. 당오전은 점차 사주와 조악한 동전이 성행하게 됨에 따라 5전의 액면 가치가 실제 2.5~3전 정도로 싸게 유통되었다.[30]

1887년부터 악화가 유통되고 지방으로 동전을 운반하는 비용(태가)이 전체 금액의 15% 이상으로 과다하여 상거래에서 대체적인 교환 수단으로서 한전어음과 수표가 유통되었다. 동전은 소액 거래,

29 일본은 자국민들의 금융 거래 편의를 위해 1878년에 부산에 제일은행 지점을 개설하였으며, 이후 원산(1880), 인천(1883), 경성(1888), 목포(1898) 등지로 지점을 확대하였다(村上勝彦, 1973a).

30 고승제(1955), 원유한(1967), 오두환(1983) 참조.

제일은행권과 제일은행이 발행한 한전어음은 고액 거래에 주로 사용되었다. 1890년 제일은행이 발행한 한전어음은 80만 관(800만 냥)에 달했다. 이 외에 중국 상인 동순태가문에서 발행한 어음과 일본 상인이 발행한 한전어음도 유통되었다. 1882년 미국, 1884년 영국, 1885년 러시아, 1886년 이탈리아, 독일 등과 잇달아 수교하면서 중국 마제은화, 러시아 루블화, 멕시코 은화, 일본 은화 등 외국 화폐가 본격적으로 유통되기 시작하였다. 외국 화폐는 원래 자국민의 생활과 무역 활동을 위해 도입되었으나 점차 전국적으로 유통됨에 따라 국내 화폐량에도 영향을 미치게 되었다. 이처럼 다양한 외국 화폐가 유입되면서 교환 수단으로서 화폐 사용이 복잡해지고 유통 시장의 질서는 어지러워졌다. 1887~1897년 동안 조선에서 유통된 일본 은화는 300만~350만 원(엔)으로 추정되며, 1884~1897년 멕시코 은화의 유통량은 알 수 없다.

1889년에는 교환소가 설치되어 외국 통화와 한전의 교환 업무가 시작되었는데, 신동전을 지불 준비금으로 사용하여 환표(어음과 수표) 또는 금과 은으로 교환하여 발행하는 방식이었다. 1890년 조선 정부는 재정 부족을 타개하기 위해서 해관세를 담보로 일본 제일은행으로부터 200만 달러를 차입하였다. 조선은 개항 때부터 불평등 조약에 의해 상품 무역 시 관세를 부과하지 않았는데, 1883년 세관 설립과 함께 협정관세로 바뀌었지만 세관 운영권은 바로 묄렌도르프(穆麟德)에게 넘어가고 그 뒤 계속 외국인의 손에 장악되었다. 관세 취급권은 1883년 일본 제일은행에 대한 담보로 넘어가서 조선이 일본에 의해 합병될 때까지 지속되었다.[31] 1891년 당오전 대신에 새로운 화폐인 평양전이 평안도 감영에서 주조되어 유통되었다. 일문전인 평양전은 상평통보 가치의 1/3에 불과할 정도로 동전의 질이 조잡하였고 곧이어 사주도 성행함에 따라 그 신뢰도는 하락하였다. 평양전은 재질이 양호한 상평통보를 용해하여 그 원료를 이용하여 주조하였는데, 정확한 주전량은 알 수 없다. 한전비가 하락으로 한전의 액면 가치가 재질 가치보다 낮으면 용해되어 동으로 수출되고, 반대인 경우 위조와 사주가 남발되었다.

[표 6-1]은 조선왕조실록과 『비변사등록』, 『만기요람』 등을 참고해서 추정한 상평통보와 당오전의 주전량과 누적 화폐량을 나타낸 것이다. 상평통보는 처음 주전되어 유통된 1678년부터 당백전이 발행되기 직전인 1865년까지의 누적 화폐량이 조선왕조실록과 『만기요람』의 기록에서 볼 때 11,256,000냥 정도였다.[32] 여기에서 동전의 자연 손실률(10% 정도)은 고려하지 않았다. 1866년 재정 충당과 왕실의 권위 회복을 목적으로 당백전을 1600만 냥 주전하였으나, 당백전에 대한 신뢰 하락과 물가 급등 등 부작용이 속출하면서 6개월 뒤인 이듬해 1867년에 주조와 유통이 금지되었다.[33] 당백전과 청전의 사용이 금지된 이후에는 상평통보만 유통되었다.

상평통보 주전량에 대해서는 자세한 기록이 없지만, 여러 단편적

---

31 오두환(1991) 참조.
32 이헌창(1999) 참조.
33 최호진(1974) 참조.

[표 6-1] 1865~1891년 근대조선의 상평통보와 당오전 화폐량(단위: 천 냥)

연도	상평통보 주조량	상평통보 화폐량	연도	상평통보 주조량	상평통보 화폐량	당오전 주조량	당오전 화폐량
1678~1684	50	50	1794	60	5,659		
1686	20	70	1797	100	5,759		
1690	18	88	1798	100	5,859		
1695	550	638	1807	300	6,159		
1729	700	1,338	1814	326	6,485		
1731	350	1,688	1825	367	6,852		
1732	280	1,968	1830	933	7,785		
1742	500	2,468	1832	784	8,569		
1750	164	2,632	1840	200	8,769		
1751	607	3,239	1855	1,571	10,340		
1765	330	3,559	1857	916	11,256		
1772	100	3,669	1866	16,000	당백전 발행 27,256		
1774	640	4,309	1867	-16,000	당백전 환수 11,256		
1775	500	4,809	1874	연 667 (추정)	11,258 (10,000 추정)		
1785	670	5,479	1883	연 667 (추정)	17,259	연 9,625(추정)	당오전 발행 9,625(추정)
1791	60	5,539	1890	연 667 (추정)	21,928	연 9,625(추정)	67,375(추정)
1793	60	5,599	1891	연 667 (추정)	22,595 (20,000 추정)	연 9,625(추정)	77,000(추정)

*자료: 조선왕조실록, 『비변사등록』, 『승정원일기』, 『증보문헌비고』, 『만기요람』, 『잠곡유고』, 『용호문록』, 『추관지』 등

**화폐량은 누적 화폐 주조량을 의미한다.

***상평통보 화폐 단위: 1냥=10전=100푼

인 사료에 의하면 1874년에 1000만 냥 정도가 유통되었고, 1891년에 2000만 냥이 유통된 것으로 나타난다. 따라서 1874~1891년 동안 상평통보가 1000만 냥 증가하였기 때문에 연 667,000냥씩 증가

한 것으로 추정하였다. 1883년에 당오전이 발행되었고 1891년에 평양전이 주전되었는데, 이들 두 화폐의 정확한 주전 기록이 없기 때문에 화폐량을 추정할 수 없다. 하지만 1891년 당시 유통된 당오전이 7700만 냥 정도로 추정된다는 기록이 있어서, 이를 연역적으로 추론하면 당오전이 발행되는 1883년부터 1891년까지 연 960만 냥씩 증가한 것으로 추정할 수 있다.

2. 백동화

여기에서는 백동화의 주전량을 추정해 보고, 엽전의 용해 및 수출량과 외국 화폐의 유통량도 살펴보기로 한다. 1892년(고종 29) 근대적 화폐 제도의 개혁을 목적으로 한 '신식화폐조례'가 발표되면서 일본 화폐 제도를 따라서 은화를 본위화폐로, 동전을 보조화폐로 채택하는 은 본위제도를 실시하였다. 이에 따라 은화 1냥(표준통화), 은화 5냥(국제무역통화)을 본위통화로 백동화(2전5푼), 적동화(5푼), 황동화(1푼)를 보조통화로 구분하여 발행하였고 계산 단위로 십진법을 사용하였다. 이때 한전과 일본화의 교환 비율로 5냥 은화는 일본화 1엔(원), 1냥 은화는 일본화 20센(전), 백동화는 일본화 5센(전), 적동화는 일본화 1센, 황동화는 상평통보 2푼으로 결정되었다. 즉, 일본 화폐 기준 한전의 공식 교환 비율은 1/5 또는 0.20(20할)이었다. 하지만 이 화폐개혁은 조선 정부의 재정 부족과 일본의 약속 불이행 등 대내외의 여러 문제들로 인해 시행이 중지되었다.

1894년(고종 31) 7월 청일전쟁 발발과 함께 일본의 간섭과 주도로 조선의 화폐개혁이 단행되어 '신식화폐발행장정'이 공표되었다. 이 화폐개혁의 골자는 1892년 '신식화폐조례'와 같이 근대적인 은 본위제를 실시하는 것과 함께 일본 화폐의 조선 내 유통을 법적으로 허용하는 것이었다. 그 주요 내용을 간략히 살펴보면 다음과 같다. 우선, 5냥 은화를 표준통화로 설정하고 기존의 표준통화인 1냥 은화를 보조화로 변경하였으며, 당오전을 일문전으로 흡수 통합하였다. 그리고 일본 화폐를 법정통화로 유통하는 것을 법적으로 허용하였다. 이처럼 표준통화를 기존 5냥 은화에서 1냥 은화로 변경하면서 한전 가치는 1/5로 절하되는 결과가 초래되었다. 일본 화폐 사용이 공식적으로 허용됨에 따라 일본 화폐가 조선 경제에서 본격적으로 유통되기 시작했다. 또한, 조세의 금납화, 교환소 설치, 은행 설립, 신구 동전의 교환 비율 지정, 재정 충당을 목적으로 한 외채 도입 허용, 외국 지폐의 유통 허용, 한전어음과 증권의 유통 허용, 화폐 위조에 대한 처벌 규정의 제거 등 화폐와 금융 제도에 큰 변화가 일어났다. 특히, 화폐 위조에 대한 처벌 규정을 제거하면서 대규모 위조화가 나타나는 계기가 되었다. 백동화의 밀주와 사주는 일본 상인이 자국에서 몰래 만들어서 조선으로 밀수한 후에 유통시켰다.

1894년 7월 청일전쟁이 발발하자 일본은 전쟁 비용을 충당하기 위해 조선 정부의 반대에도 불구하고 조선에서 일본 지폐를 적극적으로 발행하여 유통시켰다. 이때 일본이 조선에서 발행한 지폐는 금과 은으로 태환할 수 없는 불환지폐였다. 이때 유통된 일본 화폐 가운데 은화는 1/3, 지폐는 2/3로 지폐의 비중이 컸으며 모두 청일전쟁 비용으로 사용되었다. 결국, 일본은 태환 가치가 없는 자국 지폐를 법정통화로 유통시키면서 청일전쟁 비용을 조선에서 조달한 결과가 되었다. 일본 화폐량 증가는 조선의 물가를 상승시키고, 조선의 실질소득을 하락시키는 결과를 가져왔다. 이러한 실질소득의 하락은 전쟁 비용을 충당하는 결과를 초래하였는데, 이를 강요된 저축(enforced saving)이라고 한다.

'신식화폐발행장정'으로 새로운 통화가 발행되었지만, 재정상의 어려움으로 인해 본위화폐인 5냥과 1냥의 은화 발행은 거의 없었으며, 조악한 백동화 등 보조통화만 주조하였다. 백동화는 당오전보다 재질이 조악하여 액면 가치(2전5푼)가 소재 가치보다 커서 주조차익을 위해 대량으로 발행·유통되었다. 이 시기 백동화는 관주 이외에 특주, 묵주, 사주뿐 아니라 일본에서 몰래 위조된 백동화의 밀수입도 증가하여, 관주만 16종이었고, 사주도 560종이나 될 정도였다.[34] 시중 백동화 유통량 1400만 원 가운데, 관주화는 800만 원, 사주화와 밀주화는 600만 원에 달할 정도로 사주와 밀주가 성행하였다.[35] 악화인 백동화 남발로 그레셤의 법칙이 작용하여 은화와 양질의 상평통보는 용해되어서 동으로 수출되거나 재질이 나쁜 평양

34 오두환(1991) 참조.
35 오두환(1991), 196~197쪽 참조.

전과 백동화로 주전되어 점차 사라졌다. 이러한 화폐 유통의 혼란으로 인해 시장에서는 가치가 안정적인 일본 화폐에 대한 선호가 오히려 증가하였다.

1892~1904년 동안에는 백동화 주전 기록이 거의 정확하게 남아 있어서 백동화 화폐량을 추정할 수 있다. 1892년에 234,744원이, 1898년에 633,087원이 발행된 이후 급격하게 발행량이 늘어서 1899년에 2배인 1,378,830원이 발행되었고, 1901년 3,083,573원, 1904년 3,462,635원이 발행되었다. 또한 1892~1904년 사주나 밀주로 만들어진 백동화의 양은 600만 냥에 달하는 것으로 추정된다. 따라서 당시 시중에 유통된 백동화는 관주가 800만 원, 사주와 밀주가 600만 원, 즉 총 1400만 원으로 추정된다.[36] 1892~1904년 동안 전환국 주조액 18,025,397원 가운데 백동화 발행액은 16,743,522원으로 백동화의 발행 비중은 전체의 88.3%였다. 이 당시 금은 조선의 수출 상품이었고, 외국 상인에게는 국제 결제 수단으로서 정화로 간주되었다. 따라서 금의 유출이 발생하면 총 화폐량에서 금의 유출액만큼 빼 주었다. 한전비가가 급락할 때 일본 상인들이 한전을 매입하여 동으로 용해한 후 일본으로 수출하였기에 동의 수출 금액도 실제 화폐량 추정에서 빼 주었다.

[표 6-2]는 1892~1904년에 발행된 은화와 보조통화인 백동화, 적동화, 황동화의 화폐량이다.

---

36 오두환(1991), 196~197쪽 참조.

[표 6-2] 1892~1904년의 은화, 백동화(관주)의 발행량 추정 (단위: 원. 10냥=1관=2원)

연도	5냥 은화	반환 은화	1냥 은화	백동화	백동가화	적동화	황동화	총 금액 (원)	총 금액 (천 냥)	사(밀)주 (천 냥)
1890										한전어음 80만 관문
1891										1892~1902년 백동화 사주 600만 냥
1892	19,923		70,402	51,853		91,678	888	234,744	1,173.7	연 600 (추정)
1893										600
1894						35,609		35,609	178.0	600
1895				160,869		176,479	4,212	341,560	1,707.8	600
1896				34,642		284,354		318,996	1,595.0	600
1897				17,332		28,409		45,741	228.7	600
1898			35,788	348,994		248,305		633,087	3,165.4	600
1899			62,991	1281,637		34,202		1,378,830	6,894.2	600
1900				2030,463				2,030,463	10,152.3	600
1901		209,744		2873,829				3,083,573	15,417.9	600
1902		705,593		2885,903	87,297	14,752		3,693,545	18,467.7	600
1903				3610,189	34,115	57,639		3,701,943	18,509.7	
1904				3447,885	4547	10,203		3,462,635	17,313.2	
합계	19,923	915,337	169,181	16,743,596	125,959	981,630	5,100	18,960,756	94,803.6	6,600

*백동화는 관주 발행만 고려하였다.
**1892년 백동화 발행 이후 화폐 단위 1원=5냥의 공식비가를 적용하여 환산하였다.

1898년 재정 악화로 외국인 탁지부 대신이 사퇴하였다. 그 이후 조선 관리가 허락도 없이 자의적으로 보조통화인 백동화와 적동화를 남발하였으나 그 자료를 찾을 수 없다. 그 결과 백동화비가가 급락하고 우체국과 은행에서 백동화 수취를 거절하였다. 1898년 이후에는 일본인들이 대규모로 백동화를 몰래 만들고 다시 밀수하는 사례가 급증하였다. 1901년(광무 5)에 대한제국은 독자적으로 계획

한 '금 본위제 개정 화폐조례'를 발표하였다. 그 주요 내용은 금 본위제도를 실시하고 화폐 발행 권한을 정부에만 부여함으로써 몰래 만든 사주전의 폐단을 없애고자 한 것이었다.[37] 그러나 이 화폐조례는 러일전쟁으로 인해 반포에 그쳤을 뿐 실시되지는 못했다.

3. 엽전 수출과 외국 화폐

1894년 '신식화폐발행장정' 실시 이후 백동화가 남발되었으며, 한전비가는 폭락하였다. 한전비가 하락으로 일본으로부터 동을 수입하는 가격이 비싸지면서 조선 화폐는 질적으로 악화되고 사주와 위조가 성행하였다. 한전비가 하락과 함께 당시 국제 동 가격이 상승함에 따라 양질의 상평통보를 매입하여 용해한 후 동으로 수출하는 것이 유리하였다. 〈그림 6-1〉은 국제 동 시세를 나타내고 있다. 위와 같이 당오전이 발행되는 1883~1892년에 국제 동 수입 가격은 1885년에 15.6엔/담이었는데, 1888년이 17엔/담, 1892년 16.1엔/담, 1892년에는 17.3엔/담으로 꾸준히 상승하고 있다는 것을 알 수 있다. 또한, 1892~1904년 백동화의 재료가 되는 니켈의 수입 가격도 1895년 92.6엔/담에서 1898년 93엔/담, 1900년 113.1엔/담, 1901년 118.6엔/담, 1902년 114.1엔/담, 1903년 104.4엔/담

---

37 오두환(1991), 236~237쪽 참조.

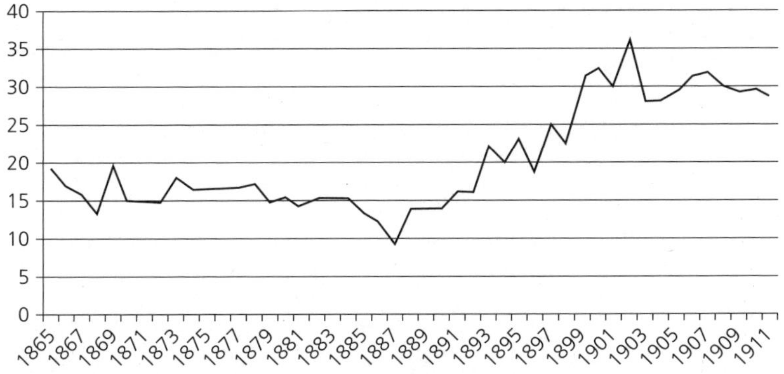

〈그림 6-1〉 1883~1904년 국제 동 가격 추이(엔/담)
*자료: 『통상휘찬』 참조. 1담=100근

으로 전반적으로 상승하였다. 일본 상인들은 제일은행을 통해서 동과 한전의 가치 변동을 미리 예상하여 상품으로서 한전을 매매하였다. 일본 상인들은 한전 가치의 하락을 조장한 후 한전을 투기적으로 저렴하게 매입하여 용해한 후 일본에 수출하였다. 국제 동 가격과 니켈 가격이 상승하면서 그레셤의 법칙에 따라 위조되거나 사주된 저질의 한전만 유통되고 양질의 상평통보는 동으로 용해된 후 수출되었다.

1894~1904년 동안 동으로 용해되어서 수출된 조선의 상평통보 금액은 1894년 384,000원, 1895년 313,000원, 1896년 255,000원, 1897년 233,000원, 1898년 464,000원, 1899년 1,081,000원, 1900년 745,000원, 1901년 154,000원, 1902년 128,000원, 1903년 125,000원, 1904년 36,000원이었다. 이처럼 1894년 백동화 발

[표 6-3] 1865~1904년 외국 화폐량과 동 수출액(단위: 천 냥, 1관=10냥=2원)

연도	비고	청전 수입액	일본 (구)은화	일본 지폐	제일 은행권	동 수출액
1865						
1866						
1867	청전 수입(연 50만 냥 추정)	500				
1868		500				
1869		500				
1870		500				
1871		500				
1872		500				
1873		500				
1874	청전 잔고액(300만~400만 냥) 청전 수입 금지	500				
1875						
1876	제일은행 부산 진출 일본 화폐의 유통 시작					
1887	일본 은화 유통 (연 30만 원=150만 냥 추정)		1,500	1,000		
1888	일본은행권 유통 (연 20만 원=100만 냥 추정)		1,500	1,000		
1889			1,500	1,000		
1890	청 마제은화, 러시아 은화, 멕시코 은화 유통		1,500	1,000		
1891			1,500	1,000		
1892	백동화 발행		1,500	1,000		
1893			1,500	1,000		
1894	엽전(동전) 수출 시작 멕시코 은화 24,000달러		1,500	1,000		1,920
1895			1,500	1,000		1,565
1896			1,500	1,000		1,275
1897	1887~1897년 일본 (구)은화 300만~350만 원 추정		1,500	1,000		1,165
1898				1,000		2,320
1899				1,000		5,405
1900				1,000		3,725
1901	일본은행권 250만 원 보조화 30만~39만 원 추정			1,000		770
1902	제일은행권 703,358원 백동화 사주 600만 냥				3,516.7	640
1903	제일은행권 870,126원				4,350.6	625
1904	제일은행권 3,378,776원				16,893.8	180

* 외국 통화는 청전, 일본화, 멕시코 은화 등을 포함하며, 자연 손실률과 일본 (구)은화의 환수는 화폐량에서 고려하지 않았다.

** 1892년 백동화 발행 이후 화폐 단위 1원=5냥의 비가를 적용하여 환산하였다.

행 이후 1904년까지 한전 수출이 급격하게 증가했는데, 한전의 용해된 동 수출액은 시중 화폐 유통량의 감소를 의미한다. 상평통보 유통량은 급감한 반면 악화인 백동화의 유통량은 급증하였다.

[표 6-3]은 1865~1904년 외국 거주자가 유통시킨 외국 화폐량과 엽전을 용해한 후 동으로 수출한 금액을 나타내고 있다.

한편, 개항 이후 외국 화폐가 유통되기 시작했는데, 외국 화폐는 무역 결제 자금과 외환 준비금으로서 금과 더불어 본원통화량을 구성한다. 1867년 당백전 철폐로 부족한 화폐를 보충하기 위해서 청나라 동전을 긴급하게 수입했다. 청전은 1874년 일본의 간섭으로 수입이 금지되었는데 이때까지 청전의 화폐량 잔고는 300만~400만 냥으로 추정된다. 따라서 1867~1874년 동안 청전은 균등하게 연 50만 냥씩 증가한 것으로 추정하였다. 1887~1897년 일본 (엔)은화의 화폐량은 300~350만 원으로 추정되며, 연 30만 원(150만 냥)씩 증가한 것으로 추정하였다. 1887~1901년 동안 일본은행권은 250만 원, 일본 보조화폐는 30~39만 원으로 추정되어서, 이 기간 동안 연 20만 원(100만 냥)씩 증가한 것으로 추정하였다. 1902년부터 제일은행권이 발행·유통되었는데, 제일은행권은 1902년에 703,358원, 1903년 870,126원, 1904년 3,378,776원이 각각 발행되었다. 특히 1902년 이후 제일은행권 발행으로 인해 일본 화폐량이 급증하였다.

4. 근대조선의 화폐량 추정

[표 6-4]는 앞에서 설명한 상평통보의 주전량, 상평통보의 용해된 동 수출량, 청전 수입액, 일본 화폐량 등을 모두 포함하여 1865~1910년 근대조선의 총 화폐량 추정치를 보여 주고 있다. 금의 생산과 유출도 국제 결제 통화로서 근대조선의 총 화폐량에 포함해서 추정하였다. 금 생산액과 수출액은 앞에서 자세하게 설명되어 있으니 이를 참고하기 바란다. [표 6-4]의 첫 번째 항목은 1865~1910년 동안 연간 화폐 주전량으로서 상평통보, 당백전, 당오전, 백동화 주전량을 모두 합한 값이다. [표 6-4]의 두 번째 항목은 근대조선의 누적 화폐량을 한전 단위인 천 냥과 천 원으로 각각 나타낸 값이다. 1892년 백동화 발행 이후 화폐 단위 1원=5냥의 비가를 적용하여 환산하였다. 그런 다음 엽전을 용해해서 동으로 수출한 부분을 누적 화폐량에서 빼 주었고, 금의 생산량을 더해 주었다. 화폐정리사업 이후 백동화 및 한전의 환수량을 화폐량에서 빼 주었고, 신통화와 제일은행권, 일본 지폐와 무역으로 유입된 일본 화폐를 모두 더해서 새롭게 화폐량을 추정하였다. 1905년 백동화 환수 후 구백동화의 교환 비율을 1/2로 가치 절하하였으며, 제일은행권은 실제 일본 제일은행의 발행액(단위: 원)을 기준으로 추정하였다. 화폐 변동 내용을 수월하게 설명하기 위해서 1905년 화폐정리사업 이후 백동화 환수액, 신통화와 제일은행권의 발행은 다음 장에서 자세하게 설명하도록 한다.

[표 6-4] 근대조선의 총 화폐량 추이

연도	엽전 주전량 (천 냥)	총 화폐량 (천 냥)	연도	엽전 주전량 (천 냥)	총 화폐량 (천 냥)	총 화폐량 (천 원, 1원=5냥)
1865		11,256.0	1889		82,738.5	
1866	당백전 16,000	27,256.0	1890	평양전 남발	92,739.3	
1867	당백전 철폐	11,756.0	1891	상평통보 20,000 당오전 77,000 (추정)	102,956.3	
1868		11,756.0	1892	백동화 발행 1,173.7	104,933.7	20,986.7
1869		11,756.0	1893	-	105,616.2	21,123.2
1870		11,756.0	1894	178.0	104,494.2	20,898.8
1871		11,756.0	1895	1,707.8	107,679.5	21,535.9
1872		11,756.0	1896	1,595.0	110,212.0	22,042.4
1873		11,756.0	1897	228.7	111,955.7	22,391.1
1874	상평통보 10,000(추정)	11,756.0	1898	3,165.4	113,492.4	22,698.5
1875		11,923.0	1899	6,894.2	118,599.1	23,719.8
1876		12,590.0	1900	10,152.3	131,906.4	26,381.3
1877		13,303.9	1901	15,417.9	152,504.2	30,500.8
1878		13,953.8	1902	18,467.7	174,382.4	34,876.5
1879		14,672.1	1903	18,509.7	194,231.0	38,846.2
1880		15,411.1	1904	17,313.2	119,620.3	23,924.1
1881		16,563.2	1905	한전 화폐 환수 신통화 발행	119,831.9	23,966.4
1882		16,592.0	1906		120,633.9	24,126.8
1883	당오전 연 9,625(추정)	17,259.0	1907		139,172.2	27,834.4
1884		27,551.0	1908		111,719.9	22,344.0
1885		38,591.8	1909		129,975.4	25,995.1
1886		49,547.5	1910			
1887		62,662.0				
1888		72,935.3				

*한전어음, 자연 손실률, 일본 (구)은화의 환수는 화폐량에서 고려하지 않았다.
**1892년 백동화 발행 이후 화폐 단위 1원=5냥의 비가를 적용하여 환산하였다.
***1905~1909년 환수 지급 환산액 총계=11,990,657환(=원). 1905~1909년 미환액 총계=6,728,843환 1905년 백동화 환수 후 교환 비율을 1/2로 가치 절하하였고 1904년 이후 제일은행권은 발행고를 기준으로 하였다.

근대조선의 화폐량 추정에서 민간 부분에서 발행되어 유통된 한전(엽전과 백동화)어음과 동전의 자연 손실률(10~15%)은 고려하지 않았다. 또한 일본이 금 본위제도를 실시한 이후 일본 (구)은화의 환수량을 조선의 화폐량 추정에서 제외하였으며, 추정 화폐량과 실제 화폐량에는 약간의 오차가 발생할 수 있다.

〈그림 6-2〉는 1865~1910년 근대조선의 화폐량 추이를 간략히 보여 주고 있다. 화폐량은 1883년 당오전 발행과 1892년 백동화 남발로 급격하게 증가하였으나, 1904년 이후 화폐정리사업으로 인해 백동화가 환수되면서 이전에 비해 60% 수준으로 감소하였다.

그림에서 나타난 근대조선의 화폐량은 국제 금 본위제도에서 금 유출량과 일본 화폐량을 모두 고려한 것이다. 화폐 변동률은 세 차례 일본 주도의 화폐개혁으로 근대조선의 화폐량이 어떻게 변화하고 있는지를 보여 주고 있어서 전체 화폐량 변동을 파악할 수 있는 좋은 지표이다. 근대조선의 화폐량 변동률은 제4장의 [표 4-1]에 자세하게 나타나 있다. 1865~1882년에는 외국 화폐가 유입되면서 화폐량이 연평균 9.69% 증가하였으며, 1883~1892년에는 당오전과 평양전이 남발되어서 연평균 30.49% 급등하였다. 1893~1904년에는 백동화 남발로 화폐량이 연평균 6.16%씩 증가하였지만, 1905~1910년에는 화폐정리사업 이후 연평균 8.77% 하락하였다.

1865년부터 1910년까지 근대조선에서는 화폐의 발행과 유통을 체계적으로 관리하는 시스템이 없어서 외국 화폐의 범람, 당오전과 백동화 남발, 화폐의 밀주와 사주, 위조 등 화폐 질서가 매우 문란

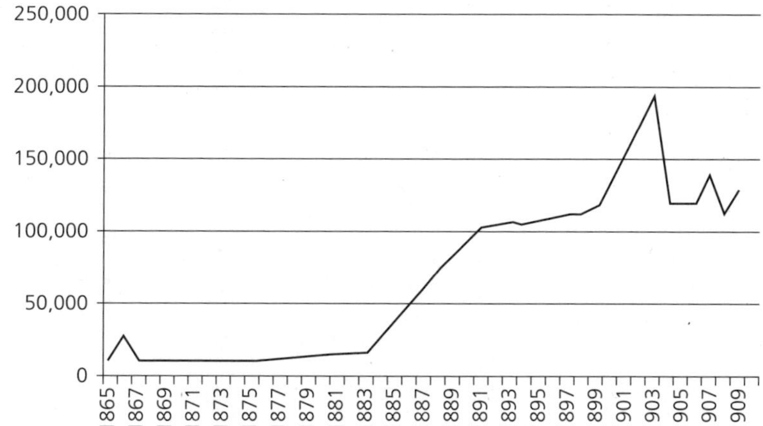

〈그림 6-2〉 1865~1910년 근대조선의 화폐량 추이(단위: 천 냥)
*자료: [표 6-4]를 이용해서 필자가 작성하였다.

했다. 1883년에 전환국을 설립한 이후에도 화폐가 얼마나 발행되고 유통되었는지에 대한 정확한 자료를 확인할 수 없다. 국제 금(은) 본위제도와 제국주의 확산 과정에서 일본이 주도한 화폐개혁은 무역과 금융 시스템을 통해서 조선에서 금융 수탈을 가져왔지만. 일본 화폐와 금의 역할에 대한 명확한 설명이 부족해서 근대조선의 화폐 금융사 연구는 공백이 크다. 여기에서는 최초로 국제 금 본위제도의 관점에서 1865~1910년 금 이동과 무역수지를 바탕으로 근대조선에서 유통된 총 화폐량을 추정해 보았다. 근대조선의 화폐량 변동을 시기적으로 크게 1865~1892년의 개항기, 1893~1904년의 '신식화폐발행장정' 시기, 1905~1910년의 '화폐정리사업' 시기로 구분하였다. 이 책의 가장 큰 의미는 실제 근대조선에서 유통된 상평통보, 당오전, 평양전, 백동화 등의 한전과 일본 화폐량, 금의 정화량 등을 모두 합하여 최초로 근대조선의 총 화폐량을 추정했다는 점이다. 이를 통해서 지금까지 연구가 부족했던 근대조선의 물가사와 무역사, 화폐금융사 등에 대한 후속 연구가 활발히 진행될 것으로 기대한다. 다음 장에서는 여기에서 다루지 못한 1904~1910년 화폐정리사업과 백동화 및 한전의 환수로 인한 화폐량 감소분을 추정해 보고, 일본이 제일은행권을 발행하여 유통시킨 화폐량을 더해서 화폐량 변동을 새롭게 추적해 보았다.

광무
화폐

제7장

잃어버린 화폐

광무 화폐 | 제7장

잃어버린 화폐

1905~1910년 일본 주도 화폐정리사업으로 조선의 백동화, 상평통보와 당오전 등 한전이 환수되었다. 문제는 이렇게 환수된 한전들이 화폐량과 국부를 감소시키고 금융공황을 불러왔다는 것이다. 실제 화폐정리사업으로 얼마나 많은 한전들이 환수되었는지 살펴보는 것도 흥미롭다. 또한 한전의 환수 조치 이후 나타난 디플레이션과 일본의 금융 수탈은 5년 뒤인 1910년 일본의 조선 합병을 훨씬 수월하게 했을 것이라고 짐작할 수 있다. 즉, 1905년 화폐정리사업은 질이 악화된 백동화 및 한전 환수와 디플레이션을 통한 금융 수탈을 가져왔다. 화폐 환수로 인해 민간 경제는 침체되고 정부재정은 악화되었으며 조선 상인에서 일본 상인으로 실질적인 부의 재분배가 일어났다. 더욱이, 이 시기 조선의 대규모 대일 무역 적자로 조선 금이 일본으로 대거 유출되었다. 그 결과 조선에서 화폐 환수와 더불어 유동성이 급격히 감소하여 금융 경색이 초래되었으며,

그로 인해 많은 조선 상인들이 파산하였다. 1905~1909년까지 화폐정리사업 이후 화폐량은 연평균 8.77% 감소하였으며, 물가는 연평균 8.26% 하락하였다. 이 장에서는 최초로 1904년 화폐정리사업으로 인한 디플레이션과 금융공황을 먼저 살펴보고, 경제 궁핍화 과정을 검증하였다.

1. 조선 화폐 환수

근대조선의 화폐개혁 가운데 가장 극적인 사건은 1904년의 '화폐정리사업'이다. 여기에서는 1905~1910년 화폐정리사업에 따른 구 조선 화폐의 환수 금액, 환수 방법, 새로운 통화 발행 등을 미시적으로 분석해 보고 이를 통해 근대조선의 화폐량 추정을 보완하였다.

일본이 주도한 1904년 화폐정리사업의 주요 내용은 다음과 같다. 첫째, 금 본위제와 중앙은행 제도의 실시이다. 이를 위해 악화인 백동화 환수, 제일은행의 중앙은행화, 제일은행권의 법정통화 인정 및 주조·유통을 허용했다. 둘째, 일본 화폐를 본위화폐로 하고 조선 화폐를 보조화폐로 삼았다. 이를 위해 전환국을 폐지하고, 한전어음 유통을 금지하며 조선의 전통적인 금융 제도인 외획 제도를 폐지했다. 특히, 일본 화폐를 본위화폐로 정함에 따라 조선의 화폐 발행권을 박탈한 것이다. 또한 일본 제일은행은 화폐 발행권을 가진 중앙은행으로 전환되었고 조선의 법정통화인 제일은행권을 발행하였다. 조선의 전통 금융 제도인 외획과 한전어음의 사용이 폐지되면서 국내 신용시장은 얼어붙었으며, 일본의 대조선 금융 지배가 본격적으로 시작되었다. 1904년 러일전쟁이 발발하자 일본은 러일전쟁 비용을 마련하기 위해 군용 어음과 제일은행권을 대량 발행하였다. 사실 '화폐정리사업'은 러일전쟁 비용을 충당하기 위해 불환지폐인 제일은행권을 법정화폐로 통용하는 것이 주요 목적이었다.[38] 이때 조선에도 금 본위제도를 도입했지만 오직 일본은행권만 금으로 태환 가능하고 조선의 제일은행권은 사실상 태환이 불가능한 불환지폐였다. 제일은행권을 금으로 태환하려면 우선 일본은행 태환권으로 바꾼 다음 일본에서 다시 금화로 전환해야 했기 때문에 실제로는 태환이 거의 불가능하였다. 따라서 화폐정리사업 이후 근대조선의 화폐 제도는 일본 엔화 본위제도이며, 식민지적 간접 금본위제도라고 할 수 있다.

1905년 '화폐조례칙령' 2호, 3호, 4호가 발표되고 본격적으로 백동화와 한전을 환수하기 시작하였다. 백동화와 한전은 교환, 납세, 매수, 수출 방식을 통해 환수하였다. 특히, 백동화의 경우 관주, 밀주, 사주가 너무 많아서 환수할 때 갑·을·병 3종의 품질로 구분하였다. 갑종인 경우는 액면 가치 그대로 2전5푼의 가치를 정했고, 을종은 1전으로 교환 가치를 정했지만 병종인 경우는 재질이 조악해서

38 姜德相(1965) 참조.

환수하지 않았다.[39] 1905년 4월 4일 백동화 환수를 발표하고 7월 1일부터 본격 시행하였다. 백동화의 교환 기간을 만 1년으로 정하고, 이후 6개월 동안은 구백동화의 납세를 허용하였다. 또한 구백동화나 상평통보 이외의 구은화 및 구동화는 1905년 1월 칙령으로 환수하기 시작했는데, 구화폐는 새로운 화폐의 1/2(구화 2원=신화 1환) 비가로 환수되었다. 이는 기존 한전의 환수 과정에서 기존 화폐량의 1/2 수준으로 실질적인 소득의 손실이 발생했다는 것을 의미한다.

신화폐는 은화의 경우 반환(50전), 20전, 10전 등 세 종류로, 신백동화는 5전, 신동전은 1전, 반전 등으로 주조하였다. 실제로 구동전은 1908년 2월까지 교환해 주었으며 1909년 12월까지 납세 화폐로 사용하도록 허락하였다. 백동화는 경성, 평양, 인천 등 상업이 발달한 지역의 순서대로 환수되었으나, 백동화와 다르게 상평통보는 환수가 매우 느렸다. 이는 재질이 양호한 상평통보에 대한 신뢰감이 존재했기 때문이다.

[표 7-1]과 [표 7-2]는 1905~1910년 화폐정리사업으로 환수된 백동화와 한전(엽전)의 매수와 금액을 나타낸다. 1905~1910년 근대 조선의 화폐량을 추정하기 위해서 총 화폐량에서 구백동화와 구상평통보(엽전)의 환수 금액을 빼 주었다.

1905년 화폐정리사업에서 백동화 주조량으로 추정되는 23,000,000원 가운데 19,052,597원이 환수되었으며, 환수액은 1/2

39 조경달(2015) 참조.

[표 7-1] 1905~1910년 화폐정리사업에 따른 백동화와 엽전의 환수액(단위: 원, 환)

연도	백동화 환수(원)		엽전 환수(단위: 1환=1엔=2원)			
	환수 매수	환수 금액(원)	환수 매수	환수 금액(환)	수출액(환)	환수 및 수출총액(환)
1905	201,387,090	10,069,354	1,627,236	1,607	91,789	93,396
1906	65,085,396	3,254,269	21,294,427	21,294	549,153	570,447
1907	28,910,117	1,445,506	89,095,147	172,936	962,932	1,135,868
1908	59,882,884	2,994,144	151,122,524	302,235		305,235
1909	25,786,467	1,289,323	942,818,244	1,885,636		1,885,636
합계	381,051,954	19,052,597	1,205,957,578	2,383,709	1,603,874	3,987,583

*화폐 단위: 1원=1000리　1환=2원

[표 7-2] 1905~1910년 화폐정리사업에 따른 백동화와 엽전의 전체 환수액과 미환수액 비교(단위: 원, 환)

	구백동화	구엽전	구엽전 수출액	5냥과 1냥 은화	제일 은행권	구동화
1904년 환수전(원)	23,000,000	13,000,000		1,300,000	6,070,000	140,000
1905~1909년 환수액(원)	19,052,597	4,767,418	3,207,748	802,134		140,000
1905~1909년 환수 후 미수액(원)	3,947,403	8,232,582		497,866		
1905~1909년 환수액(환)	9,526,298	2,383,709	1,603,874	401,067		70,000

가격으로 할인되어 9,526,298환으로 전환되었다. 미환수된 백동화 금액은 나머지 3,947,403원이었는데, 거의 조선 상인이 소유하던 것으로, 재질이 조잡해 교환되지 못하고 폐기되었다. 이 같은 백동화 환수 과정에서 조선 상인은 엄청난 자산 손실을 보았다. 구엽전(상평통보와 당오전)은 환수 전 추정 13,000,000원 가운데 4,767,418원이 환수되었으며, 1/2 가치인 2,383,709환으로 전환되었다. 구엽전의 미환수금액은 8,232,582원이었다. 총 엽전의 환수에 지급된 환산액은 2,383,709환이었고, 구엽전의 수출액도 1,603,874환에 달하였다.

조선의 은화(5냥, 1냥)는 1904년 환수 전 1,300,000원이었는데, 1905~1909년 환수된 금액은 802,134원, 미환수 금액은 497,866원이었다. 은화의 환수 지급 환산액은 1/2 가치인 401,067환이었다. 근대조선의 화폐량을 추정할 때 추가적으로 고려해야 할 점은 1905년 환수 조치 이전에 발행된 제일은행권 6,070,000원이 화폐량에 포함되어야 한다는 것이다.

은화와 백동화, 엽전을 제외한 구동화는 1904년 환수 전의 금액이 140,000원으로, 1905~1909년에 전액 환수되었으며 구동화의 환수 지급 환산액은 1/2의 가치로 70,000환이었다. 백동화와 은화, 엽전 등을 모두 포함하여 화폐 환수 이후 지급된 환산액은 총 12,381,074환이었으며, 미환수된 총액은 6,338,925환(약 34%)이었다.

백동화와 엽전의 환수 방법과 환수 금액에 대한 구체적인 내용은 [부록 표 1]과 [부록 표 2]에 각각 나타나 있다. 구통화의 환수에서 한전비가의 가치 하락으로 발생하는 환수 손실액(32%)과 미환수된 통화 가치(34%)는 모두 조선 국부의 손실액과 같으며, 전체 통화 가치의 66%에 해당한다. 엽전의 경우 재질이 양호한 상평통보는 용해되어 동으로 재수출되었으며 일부는 환수되었다. 화폐정리사업이 시행된 1905년 엽전 수출액은 전체 엽전 환수액의 98%로서 거의 모든 엽전이 수출되었다는 것을 알 수 있다. 1906년 96%였던 수출 비중이 1907년 85%로 낮아졌으며, 1905~1909년 환수 기간 동안에는 엽전의 40% 이상이 수출되었다.

[부록 표 3]은 백동화 재질에 따라 환수 또는 미환수된 매수를 비

교하여 나타내고 있다. 백동화는 관주 외에 사주와 위조 등이 많이 이루어져 재질이 기준에 미달하는 경우가 많았기 때문에 백동화의 품위를 갑·을·병 3종으로 구분하였다. 품위가 낮은 을종과 병종의 백동화는 거의 조선인들이 보유하고 있었다. 병종의 백동화는 환수가 거부되었을 뿐 아니라 소액은 교환하지 않는다는 방침으로 인해 조선 상인의 피해가 컸다. 일본 상인 중에서는 화폐 환수에 대한 정보를 사전에 입수하여 재질이 좋은 상평통보를 한발 앞서 매집해 이익을 얻는 사람도 많았다. 화폐정리사업의 큰 문제는 백동화를 환수하는 과정에서 질이 떨어지는 백동화를 거부하거나 낮은 가격으로 바꾸어 주면서, 백동화 주 소유자인 조선인들의 피해가 컸다는 점이다. 또한 우리나라 관습을 무시하고 기존 금융 제도인 외획과 어음 제도를 일시에 폐지하거나 변경한 것도 문제였다. 이는 금융 신용과 화폐 유동성 부족을 불러와 금융공황을 촉발하였다. 결국 화폐정리사업으로 일본은 사실상 대한제국의 화폐를 1/2 가치로 환수하였으며, 태환이 안 되는 제일은행권을 법정화폐로 사용해서 조선의 경제를 장악했다. 그 결과 조선 상인들은 심각한 자산 손실을 보았다.

[표 7-3]은 화폐정리사업 이후 구엽전과 구백동화의 화폐량 잔고를 각각 원 단위와 환 단위로 구분해서 나타내었다.

1905년 기준 2300만 원의 백동화 유통량 가운데 1900만 원이 회수되었고, 390만 원 정도가 교환되지 못하고 폐기되었다. 조선 상인들은 금융공황과 자산 손실에 대해 정부에 구제 금융을 요청하였

[표 7-3] 1905~1910년 화폐정리사업 이후 조선의 구엽전과 구백동화의 화폐량 잔고(1엔=2원=1환)

	엽전 화폐량 잔고(원)	백동화 화폐량 잔고(원)	엽전 화폐량 잔고(환)	백동화 화폐량 잔고(환)
1904년 환수 이전	13,000,000	23,000,000	6,500,000	11,500,000
1905	12,813,208	12,930,646	6,406,604	6,465,323
1906	11,672,314	9,676,377	5,836,157	4,838,189
1907	9,400,578	8,230,871	4,700,289	4,115,436
1908	8,790,108	5,236,727	4,395,054	2,618,364
1909	5,018,836	3,947,404	2,509,418	1,973,702

*자료: 『통상휘찬』

으며, 이를 위해 조선 정부는 내탕금 300만 원을 제일은행에서 차입하려고 했다. 하지만 일본의 반대로 무산되고 왕실의 내탕금 30만 원으로 구제 금융을 실시하였다. 심지어 왕실의 화폐를 총괄하는 일본인 고문 메가다는 손실을 본 조선 상인의 구제 금융으로 사용할 왕실내탕금의 사용처를 규제하여 마음대로 사용하지 못하게 했다.

1904년 화폐정리사업 이후 조선의 중앙은행으로서 제일은행이 발행한 종류별 신통화 발행량을 [표 7-4]에 나타내었다.

1904~1910년 동안 구통화 2원=신통화 1환으로 구통화의 가치를 1/2로 절하하여 화폐량을 추정하였다. 해당 시기에 시중에 유통된 화폐 종류는 본위통화로서 제일은행권, 신통화, 일본 화폐, 그리고 환수되지 못한 구백동화와 구엽전 등이었다. 당시 조선에서 유통된 화폐량은 화폐정리사업 이전의 60% 수준인 2000만 원~2500

[표 7-4] 화폐정리사업(1904~1910년) 이후 제일은행권과 신통화의 화폐량(단위: 환, 1환=2원)

	제일은행권 발행(비중 %)	신통화 발행	구백동화 잔고	구엽전 잔고	일본 화폐 잔고	합계
1904	3,371,817(14.9%)		11,500,000	6,500,000	1,300,000	22,671,817
1905	8,125,267(35.7%)	367,680	6,530,000	6,406,604	1,300,000	22,715,947
1906	9,224,400(40.0%)	2,137,543	5,000,000	5,836,157	924,000	23,108,943
1907	12,805,300(49.5%)	4,100,175	3,285,000	4,700,289	959,000	25,853,475
1908	10,385,900(51.1%)	3,214,515	1,800,000	4,395,054	537,400	20,343,815
1909	13,439,700(55.0%)	5,696,265	1,970,132	2,509,418	848,000	24,418,030

*자료: 『통상휘찬』, 구엽전 잔고와 구백동화 잔고는 필자가 다시 계산한 값이다.

만 원이었다. 하지만 새로운 법정화폐인 제일은행권은 발행 초기인 1904년에 총 화폐량의 14.9% 정도였고 그 비중이 점차 증가하여 1909년에는 55%까지 이르렀다.

1904년 화폐정리사업 이후 발행된 제일은행권은 10엔, 5엔, 1엔 등 고액권 지폐 위주였으며, 소액권인 50전, 20전, 10전의 경우 발행 액수가 많지 않았다. [부록 표 4]는 이 시기 제일은행권의 종류별 발행액을 발행고 기준으로 나타내고 있다. [부록 표 5]는 1905~1910년 조선의 신통화 종류별 발행액을 보여 준다. 신통화 가운데 은화가 비중이 가장 크며 전체 발행액의 50.1~67.8%에 달한다. 은화 다음으로는 신백동화, 금화, 그리고 청동화 순서였으며, 은화 가운데 반환(50전)과 20전 은화의 발행이 가장 많았다. 〈그림 7-1〉은 조선의 화폐를 환수하기 직전인 1903년을 기준(100)으로 1904년 조선 화폐 환수 이후 통화량 변동을 비교해 그래프로

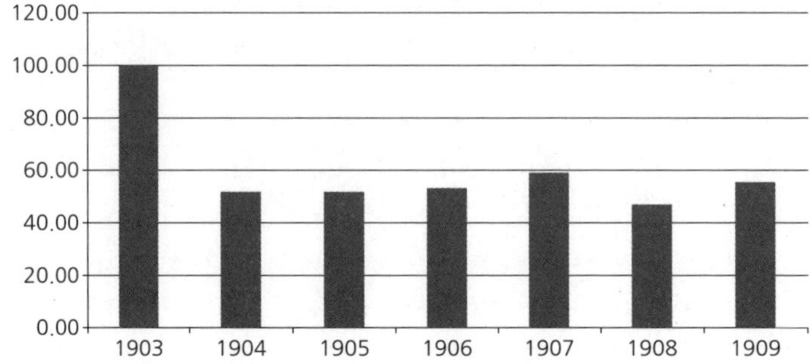

〈그림 7-1〉 1904년 이후 통화량 변동(1903년 통화량=100)

나타낸 것이다. 조선 화폐 환수 이후 시중에 유통된 통화량은 1903년 통화량 대비 47~59% 수준에 머물고 있다. 이 같은 통화량 감소는 시장에서 유동성이 부족한 금융 경색과 디플레이션을 불러왔으며, 조선 화폐를 상거래 자산으로 가지고 있던 많은 조선 상인들의 파산을 불러왔다.

2. 일본 화폐의 법정화

개항 이후 조선의 대일본 무역 규모가 확대되면서 일본 화폐의 유통 비중도 확대되었으며, 일본 화폐에 대한 선호도 점차 증가했다. 일본 화폐에 대한 선호가 증가한 것은 대체로 몇 가지 이유를 들 수 있다. 먼저, 조선의 악화 남발과 인플레이션으로 인해 안전자산으로서 일본 화폐가 선호되었다. 둘째, 세금과 관세 법화로 일본 화폐의 사용이 확대되었다. 1883년 일본 제일은행이 조선의 해관세 업무를 맡기 시작하면서 일본 화폐, 멕시코 은화, 제일은행이 발행한 한전어음만을 세관의 지정통화로 사용하였다. 셋째, 신식화폐발행장정에서 일본 화폐의 유통을 공식적으로 허용하면서 그 수요가 증가하였다. 넷째, 조선의 대일본 무역수지 적자로 인해 무역 결제 수단으로서 일본 화폐의 선호가 증가하였다. 마지막으로, 일본 주도의 화폐개혁으로 조선 역시 금 본위제도를 도입함에 따라 일본 화폐를 본위화폐로, 조선 화폐를 보조화폐로 하는 일본 화폐 제도에 편입되면서 자연히 일본 화폐의 유통이 확대되었다.

[표 7-5]는 근대조선의 일본 화폐량을 천 냥과 천 원 단위를 사용해서 연도별로 나타낸 것이다. 1887~1901년의 경우는 추정치이며, 1902년부터는 제일은행을 통한 공식 화폐량 집계가 가능했기 때문에 거의 정확한 수치라고 볼 수 있다.

1887~1897년 일본 구은화의 화폐량은 대략 300만~350만 원으로 추정되어, 연 30만 원(150만 냥)씩 증가한 것으로 나타내었다. 1887~1901년 동안 일본 은행권은 250만 원, 일본 보조화폐는 30만~39만 원으로 추정되어서, 이 기간 동안 연 20만 원(100만 냥)씩 증가하였다. 1902년부터 제일은행권이 발행되어 유통되었는데, 1902년 703,358원, 1903년 870,126원, 1904년 3,378,776원이었다. 일본 화폐량은 제일은행권과 일본 화폐를 합하여 계산하였다. 일본 화폐 유통량은 1887년 500,000원이었는데, 그 이후

[표 7-5] 1865~1910년 근대조선의 일본 화폐량(단위: 1원=5냥)

연도	일본 화폐량 (천 냥)	일본 화폐량 (천 원)	연도	일본 화폐량 (천 냥)	일본 화폐량 (천 원)
1866			1897	27,500	5,500
1876			1898	28,500	5,700
1883			1899	29,500	5,900
1887	2,500	500	1900	30,500	6,100
1888	5,000	1,000	1901	31,500	6,300
1889	7,500	1,500	1902	35,016.7	7,003.34
1890	10,000	2,000	1903	39,367.3	7,873.46
1891	12,500	2,500	1904	23,359.1	4,671.8
1892	15,000	3,000	1905	47,126.3	9,425.3
1893	17,500	3,500	1906	50,742	10,148.4
1894	20,000	4,000	1907	68,821.5	13,764.3
1895	22,500	4,500	1908	54,616.5	10,923.3
1896	25,000	5,000	1909	71,438.5	14,287.7

*일본 화폐량은 제일은행권과 일본 화폐를 합한 값이다.

1894년 4,000,000원과 1903년 7,873,460원으로 10배 이상 급증하였다. 하지만 1904년 4,671,800원으로 하락하였다가 1905년에 9,425,300원, 1909년에 14,287,700원으로 재차 급등하였다.

개항 후 일본과의 무역이 증가하면서 조선에서 유통되는 일본 화폐량은 점차 증가하였다. 1883~1891년 동안 당오전 남발로 일본 화폐의 유통 비중은 전체 유통 화폐량의 3~9% 수준에 머물렀다. 하지만 1894년 신식화폐발행장정으로 일본 화폐의 유통이 합법적으로 허용되면서 그 비중은 약 15%로 급격히 증가하였다. 이후 악화인 백동화가 남발되면서 일본 화폐의 비중이 일시적으로 감소했

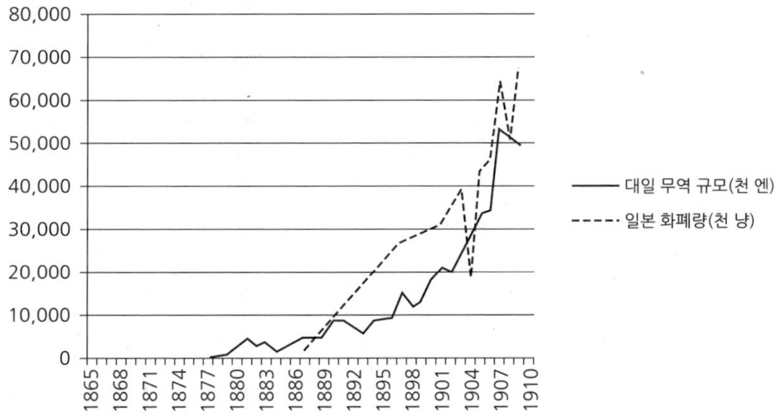

〈그림 7-2〉 1876~1910년 조선의 대일본 무역 규모와 일본 화폐량 추이
*[부록 표 6]을 참조하여 필자가 작성하였다.

지만, 백동화의 신뢰성이 떨어지면서 일본 화폐의 수요가 다시 증가하였다. 일본 화폐는 무역 거래의 결제 자금인 동시에 국내적으로 관리의 녹봉 지급과 납세에도 사용되면서 수요가 더욱 증가하여, 1903년에는 20% 수준으로 점차 증가하였다. 특히, 1905년 화폐정리사업 이후 조선의 백동화가 환수되면서 그 비중이 41% 이상 급등하였으며, 1909년에는 59%에 달하였다.

〈그림 7-2〉는 조선의 대일 무역 규모와 일본 화폐량의 관계를 나타낸 그래프로, 조선에서 유통된 일본 화폐량이 조선의 대일 무역 규모와 비슷하게 움직이고 있음을 확인할 수 있다. 이를 통해 조선과 일본의 무역 규모가 증가할수록 무역 결제 수단으로서 일본 화폐에 대한 선호도 급격히 증가하였고, 조선에서 일본 화폐의 유통

량도 증가하였다는 것을 알 수 있다. 양국 간 무역 규모는 수출액과 수입액을 합한 값이며, 양국 간 수출과 수입이 활발해질수록 무역 규모는 점점 확대되었다. [부록 표 6]은 근대조선의 대일 무역 규모를 수출과 수입으로 구분하여 나타내고 있다.

이 장에서는 1904~1910년의 '화폐정리사업'에 따른 백동화 등 한전의 환수량과 제일은행권의 발행량을 추정해 보았다. 먼저 백동화, 동전, 은화 등 한전의 환수량을 살펴보았는데, 백동화 주조량 추정 23,000,000원 가운데 19,052,597원이 환수되었으며, 미환수된 금액은 3,947,403원이었다. 구엽전(상평통보와 당오전)은 환수 전 추정 13,000,000원 가운데 4,767,418원이 환수되었으며, 미환수 금액은 8,232,582원이었다. 총 엽전의 환수에 지급된 환산액은 2,383,709환이었으며, 구엽전이 용해된 후 수출된 금액도 1,603,874환에 달하였다. 조선의 은화(5냥, 1냥)는 1904년 환수 전 1,300,000원이었는데, 1905~1909년 환수된 금액은 802,134원, 미환수 금액은 497,866원이었다. 은화와 백동화, 엽전을 제외하고 구동화는 1904년 환수 전 금액이 140,000원인데, 1905~1909년에 전액 환수되었다. 백동화와 은화, 엽전 등을 모두 포함하여 화폐 환수 이후 총 지급 환산액은 12,381,074환이었으며, 미환수된 총액은 6,338,925환(약 34%)이었다. 결국 백동화와 한전의 환수에서 한전비가의 가치 하락으로 발생한 환수 손실액(32%)과 미환수된 통화가치(34%)는 모두 조선 국부의 수탈액과 같다. 그 규모는 조선의 전체 통화량 가치의 66%에 해당한다. 둘째, 1905년 이후 새로운 법정화폐인 제일은행권은 발행 초기인 1904년에는 총 화폐량의 약 14.9%(3,371,817환)였으나 그 이후 발행량이 점차 증가하여 1909년에는 55%(13,439,700환)까지 이르렀다.

광무
화폐

제8장

잃어버린 제국

광무 화폐 | 제8장

잃어버린 제국

1. 디플레이션

화폐정리사업으로 조선 화폐는 환수되고, 일본 제일은행권이 법정통화로 유통되었다. 일본 상인은 이 과정에서 화폐개혁에 대한 비대칭적인 유리한 정보를 이용하여 막대한 유통 이익을 얻을 수 있었다. 즉, 일본인들은 일본 제일은행을 통해 사전에 화폐개혁을 인지하여 백동화를 비싼 값에 매도한 후 양화인 일본 화폐를 구입하였다. 조선 상인들은 백동화 환수 정책을 불신하여 백동화를 급하게 매도하였으며 백동화 가치는 급락하였다. 백동화에 대한 환수 조치를 미리 알았더라도 그 이전에 시행된 조선의 화폐개혁에서 당오전과 당백전의 실패 경험으로 화폐개혁 자체에 대한 불신이 존재하였으며 새로운 통화의 사용을 자제하였다. 조선 상인은 백동화 가치가 떨어질 것을 예상하여 백동화를 근거로 어음을 남발하였으

[표 8-1] 1904년 화폐정리사업 이후 조선 상인의 파산자 숫자와 금액

산업	면포	미곡	종이	금, 은	기타 (건축, 가죽 등)	합계
파산자 숫자(명)	9	3	4	2	5	23
파산 금액 (만 원)	12, 15, 15, 10, 8, 16, 10, 6, 10	2, 2, 2	10, 6, 8, 10	10, 7	20(건축), 20(건축), 8(건축), 5(가죽), 5(가죽)	217

*자료: 김준보(1977)

나, 차후 백동화 가치가 다시 상승하여 백동화 조달이 어려워지면서 어음을 갚지 못해서 줄줄이 도산하였다. 1904년 화폐정리사업으로 백동화 환수에 대한 정보가 부족해서 백동화를 그대로 보유했던 조선 상인들도 큰 손해를 보았다. 조선 통화 환수 자체에 따른 손실 외에도 통화 환수로 인해 시중에 화폐 유동성이 부족해지면서 디플레이션 현상과 경기 침체가 나타났고, 조선 상인 중에 파산자가 급격하게 증가하였다. [표 8-1]은 화폐정리사업 이후 산업별 조선 상인의 파산자 숫자와 파산 금액을 보여주고 있다.

조선 상인 가운데 파산자는 면포 산업에서 가장 많았으며, 그다음이 종이 산업, 미곡, 건축, 금과 은 등 귀금속 산업 순이었다. 면포 산업의 경우 파산 금액은 1인당 6만~16만 원, 종이 산업은 6만~10만 원, 금·은 귀금속은 7만~10만 원 정도로 파산 규모가 큰 편이었다. 미곡 산업은 평균 2만 원으로 파산 규모가 비교적 작은 편이었다. 기록으로 남아 있는 파산자 숫자는 모두 23명이며, 파산 금액은 217만 원이었다. 같은 해 대한제국의 총 조세수입이 14,014,000원인 것과 비교하면 조세수입 대비 파산 금액의 비중이 약 15%에 달

할 정도로 굉장히 큰 규모였다.

한편 화폐정리사업으로 나타난 금융공황에서 많은 조선 상인들이 파산한 것과 더불어 조선 정부의 재정수입도 악화되었다. 조선 정부는 재정 적자를 메우기 위해 일본으로부터 막대한 차관을 도입하였다. 이러한 재정 악화와 일본 차관에 대한 의존도 증가는 조선이 식민화되는 결정적인 계기가 되었다. 조선 정부는 1891년 신식화폐조례에서 은 본위제도, 1897년 광무개혁에서 금 본위제도를 도입하였는데 이러한 지금(地金) 본위제를 유지하기 위해서는 금과 은의 확보가 필요하며 그러려면 많은 재정 자금이 필요했다. 하지만 조선은 만성적인 재정 적자에 처해 있어서 일본 차관에 의존할 수밖에 없었다. 조선은 재정 운영의 효율성을 꾀하기 위해서 재정 관리 부서를 탁지부에서 왕실 내장원으로 변경하였으나 추가적인 재원이 마련되지 못하면서 여전히 재정 적자가 지속되었다. 이에 재정 충당을 위해서 조선 정부는 무분별한 화폐 발행을 통해 주전 이익을 얻으려 하였지만, 비교적 주전 차익이 크고 재질이 나쁜 백동화만 급증하였다.

화폐정리사업으로 일본인들은 오히려 백동화를 투기적으로 싸게 매입하여 나중에 어음 환전에 필요한 동전을 조선 상인에게 비싸게 되팔아서 엄청난 시세 차익을 얻었다. 이렇게 환전 차익으로 실질적인 자산을 축적한 일본 상인들은 무역과 유통 이익으로 축적된 자산과 함께 조선의 토지와 가옥을 구입하였다. 또한, 금융공황으로 조선 상인들은 파산자가 늘어났으며, 이들이 급하게 매도한 토지를 구입한 일본 상인은 토지자본화를 확대할 수 있었다.

2. 잃어버린 토지

1904년 기준 조선의 토지 가격은 일본 토지 가격의 1/10 수준으로, 조선에서의 일본인 토지 매입이 증가하였다. 이 시기 논과 토지에 대한 등록비와 재산세가 없어서 일본인의 토지 소유는 더욱 증가하였으며, 돈을 대부해 주고 소농민의 토지를 수탈하는 경우도 자주 발생하였다. [표 8-2]는 1907~1910년 전국 토지·가옥에 대한 증명규칙 취급 건수를 목적별로 구분하여 보여 주고 있다. 1907년 하반기부터 토지·가옥에 대한 증명을 이용하는 건수가 급증하여 1910년에는 6~7배 증가하였으며, 토지 소유권의 보존 증명과 등기 목적을 포함해서 전국적으로 91,414건이나 증명규칙을 이용하였다. 토지가옥증명규칙은 토지 및 가옥의 개인 소유권을 증명해 주는 제도였다. 근대조선에서는 토지의 경계가 불분명하였고, 토지 소유권도 종계 소유의 경우 관습에 의해 묵시적으로 정해지므로 소유권이 명확하지 않은 경우가 대부분이었다. 하지만 토지 매매가 점차 증가하면서 토지 소유권에 대한 분쟁이 빈번하게 발생하였다. 소유권 분쟁을 해소하고 개인의 토지 소유권을 법적으로 인정해 주기 위해 토지가옥증명규칙이 마련되었다. 이 가운데 1910년 토지 매매를 목적으로한 증명규칙 발급이 47,740건으로 그 비중이 52%였으며, 전당을 목적으로 한 발급은 9,889건으로 10.8%의 비중이었다. 토지·가옥 증명의 이용 증가는 곧 토지 가격과 토지 거래액 상승으로 나타났는데, 토지 거래액은 1907년 500만 원 정도였

[표 8-2] 1907~1910년 전국 토지가옥증명규칙 취급 건수

	매매	증여	교환	전당	보존	계	등기	총계
1907	10,205	32	6	3,262		13,504	940	13,518
1908	28,239	566	12	10,282	451	39,550	1,500	39,739
1909	32,811	1,416	29	9,532	7,917	51,705	1,101	52,731
1910	47,740	1,820	57	9,889	29,860	89,366	1,581	91,414
합계								121,029

*자료: 조선통감부, 『통감부통계연보』

[표 8-3] 일본인의 토지가옥증명규칙 이용 실태(1907년, 단위: 천 평)

지역	수답	%	전	%	합계	지역별 규칙 이용 비중(%)	소유자 (명)	평균 면적 (정보)
경기	2,327	70	987	30	3,315	9	127	9
충남	2,021	64	1,147	36	3,168	9	59	18
충북	64	30	149.9	70	214	1	18	4
전남	2,950	86	500	14	3,450	10	85	14
전북	3,364	83	704.4	17	4,069	11	95	14
경남	2,221	12	15,664	88	17,885	50	532	11
경북	1,142	48	1,216	52	2,358	7	130	6
강원	1.2	12	9.1	88	10.3	0	2	2
황해	58.2	8	645	92	703	2	9	26
함남	10	54	8.5	46	18.5	0	20	0.3
함북	8.5	61	5.4	39	13.9	0	5	1
평남	15.2	8	185	92	200.2	1	32	2
평북	10.3	8	123	92	133.7	0	22	2
합계	14,195.5	40	21,346.5	60	35,542.1	100	1,136	10

*자료: 일본 도지부사세국, 『한국의 토지에 관한 조사』, 1908, 9~11쪽 (한국역사연구회, 『대한제국의 토지제도와 근대』, 2010, 480쪽 재인용)

다가, 1910년 3600만 원을 넘어섰다. 이 시기 토지 평균 단가로 계산하면, 18만 정보 면적의 토지가 매매된 것이다.

[표 8-3]은 1907년 일본인의 토지가옥증명규칙 이용 실태를 지역

별로 나타낸 것이다. 전국 토지가옥증명규칙 이용에서 일본인의 수답(논)에 대한 규칙 이용 실태는 40%, 전은 60%를 차지했으며, 점차 일본인의 규칙 이용 비중이 증가하였다. 1907년 경기도에서 일본인 토지가옥증명규칙의 이용은 총 331.5만 평 가운데 수답은 232.7만 평으로 70% 정도가 규칙을 이용하였다. 조선 전체 지역 가운데 경기도에서의 규칙 이용 비중은 9% 정도였다. 한편, 전남 지역 일본인은 수답(논) 1,158.6만 평, 전 1,738.2만 평으로 총 2,896.8만 평(9,656정보)을 소유했다. 하지만 일본인은 이 가운데 오직 12%인 345만 평만 토지증명규칙을 이용하였다. 이같이 토지증명규칙의 이용률이 낮은 것은 소유권이 분명한 토지의 경우 수수료를 부담하면서 토지 소유를 증명할 필요가 없었기 때문이다.

토지증명규칙의 활성화는 일본인의 토지 집중을 비교적 잘 설명하고 있는데, 일본인의 토지 거래는 특히 부산, 경남 지역과 한성부에 집중되었다. 한성부의 경우 일본 상인의 영업 범위가 증가하면서 나타나는 현상이었다. 부산, 경남 지역은 전체 일본인의 토지 거래 지역 가운데 50% 이상을 차지했다. 일본인이 부산, 경남 지역의 토지를 집중적으로 매입한 까닭은 초기 개항 이후 그들이 부산 왜관에 일본인 거주 지역을 형성했으며, 지리적으로도 일본에서 가깝기 때문이었다. 일본인의 토지 집중으로 지가는 상승하고 조선에서 소농민의 토지 매도가 심각하게 증가하였다. 일본인의 토지가옥증명 기록은 실제 토지 소유관계와 달랐는데, 증명 기록에 나타난 토지 규모에 비해 실제 토지 소유 규모가 훨씬 큰 것으로 보인다.

토지증명을 받은 경우는 주로 소유권이 불안정하여 소유 증거를 확보하기 위한 것이거나 금융기관에서 대출에 대한 담보로 제공하기 위한 것이었다. 한편, 일본인들은 토지증명을 활용해서 옛날부터 전해 오던 토지에 대한 소유권(구권)이 불분명한 농민, 족계 등과 토지분쟁이 빈번하게 발생했던 토지 등을 싸게 구입하는 경우도 많았다. 토지증명문서로 조선 농민의 관습적인 소유권을 박탈하는 일도 발생했다. 1908~1911년 전북 옥구군 서수면 일본인의 토지증명기부 등록 실태를 보면 한국인의 토지증명기부 등록률(1~15%)에 비해 일본인은 거의 100%에 가까운 등록률을 보였다. 이를 통해 일본인들이 토지 매매와 소유권을 공식적으로 인정받으려 했던 것을 알 수 있다.

3. 재정 실패

[표 8-4]는 근대조선의 재정수지를 나타내고 있다. 정부의 장부상 세입 총액은 1896년 480만 원, 1897년 419만 원, 1898년 452만 원이었지만, 탁지부 실제 세입은 1896년 241만 원, 1897년 486만 원, 1898년 352만 원으로서 장부상 세입보다 훨씬 작았다. 하지만 세출 총액은 1896년 631만 원, 1897년 419만 원, 1898년 452만 원으로 탁지부 실제 세수입보다 훨씬 크게 지출되어 조선의 재정 적자가 점차 심화되었다. 백동화 발행이 본격적으로 이루어진

[표 8-4] 1895~1910년 조선의 재정 적자(단위: 천 원)

	조세 수입						잡 수입	주조 수입	작년 예산 잉여	세입 총계 (오두환)	탁지부 실세 수입	세입 총계 (김준보)	세출 총계
	지세	호적세 (호전)	항해세	기타	작년 세입	합계							
1895												4,977	3,844
1896	1,477	221	429	169	130	2,428	5	1,282	1,093	4,809	2,410	5,306	6,316
1897	1,715	196	495	214	200	2,820	24	200	1,147	4,191	4,869	4,711	4,190
1898	2,227	229	750	214	358	3,779	40	200	508	4,527	3,520	4,940	4,525
1899	2,773	465	800	455	613	5,108	50	300	1,015	6,473	4,256	7,855	6,471
1900	2,981	278	800	360	990	5,409	70	350	333	6,162	5,908	7,855	6,161
1901	5,082	487	850	210	1,667	8,296	90	350	342	9,079	6,571	6,296	9,078
1902	4,488	460	850	210	800	6,808	110	350	318	7,586	5,868		7,585
1903	7,603	460	850	210	1,142	10,266	150	350		10,766	7,056		10,765
1904	9,703	460	850	210	2,790	14,014	200	350		14,214	11,207		14,214
1905												7,480	9,556
1906												7,484	7,967
1907												16,458	17,375
1908												23,273	23,352
1909												29,228	29,227

*자료: 오두환(1991), 김준보(1977) 참조

1896년 조선 정부의 주전 수입은 128만 2000원으로 급등하였다가, 1897~1898년 20만 원, 1899년 30만 원, 1900~1904년 35만 원으로 감소하였다.

조선 정부의 세입과 세출 변동 추세가 유사하지만, 세출이 세입을 초과하여 재정 적자가 급격히 악화되었다는 것을 알 수 있다. 조선 정부는 재정 적자를 충당하기 위해 백동화의 주전 차익 이외에 일본으로부터 차관을 도입했는데, 모든 재정 적자를 충당하지는 못했다. 1883년 임오군란의 배상금 55만 엔, 1894년 해관세를 담보로 한 멕시코 은화를 24,000달러, 1895년 13만 원과 60만 원 등 총 73만 원을 일본으로부터 차입하였다. 1904년 화폐정리사업 이후에도 조선 정부는 일본으로부터 대규모 차관을 지속적으로 들여왔으며, 차관의 규모는 1907년 1,769,503원, 1908년 5,259,580원, 1909년 4,653,540원, 1910년 2,600,000원이었다. 1896년 기준 재정지출은 631만 원, 탁지부 실제 세입은 241만 원으로서, 재정 적자가 390만 원이었다. 하지만 일본 차관은 75만 원 수준으로 조선 정부의 재정 적자를 메우기에 크게 모자란 금액이었다. 조선의 재정 적자는 매년 300만 원 수준으로 지속적으로 늘어 갔다. 이러한 조선의 재정 적자는 조선 정부가 자주적 독립국가로서 여러 개혁을 주도적으로 추진하는 데 큰 제약이 되었다.

화폐정리사업 시행은 조선 화폐 환수와 일본 화폐 법정화를 통한 조선의 내부적인 금융 수탈이었다. 일본 주도 화폐개혁은 1865~1904년 극심한 인플레이션에 이어서 1905~1910년 화폐정리사업에 따른 디플레이션을 가져왔으며, 조선인들의 실질자산을 일본 화폐를 가진 일본 상인에게 유리하게 재분배하였다. 또한, 근대 조선의 무역과 유통에서 초과이윤을 얻은 일본인이 토지를 집중적으로 매입하여 토지를 자본화하였다.

요약하면, 일본인의 토지 소유가 급증하는 가운데, 일제는 대한제국이 실시하고 있던 광무 양전 사업과는 별도로 1905년 토지 제도를 개편하였다. 이는 토지 조사를 통해 조선의 토지를 효율적으로 관리하고 근대적 국가 체제로 개편한다는 명목이었으나, 사실은 토지 관리를 통한 조세수입 증대가 목적이었다. 일본은 1906년 토지가옥증명규칙을 공포하고 모든 토지·가옥의 매매에서 관인 허가제를 도입하였으며, 외국인에게도 토지 소유를 허용하였다. 토지가옥증명규칙은 토지 소유권을 공식적으로 인정받는 제도로서 토지의 매매, 증여, 교환, 전당, 보존 등을 목적으로 사용되었다. 1907년 하반기부터 토지·가옥에 대한 증명을 이용하는 건수가 급증하여 1910년에는 토지 소유권의 보존증명을 제외하고도 전국적으로 6만 건이나 되었다. 토지·가옥증명 이용 증가는 토지 가격과 토지 거래액 상승으로 나타났는데, 토지 거래액은 1907년 500만 원 정도였다가, 1910년 3600만 원을 넘었다. 특히, 전국 토지가옥증명규칙의 이용에서 수답(논)에 대한 일본인의 규칙 이용 실태가 40%를 차지할 정도로 그 비중이 급증하였다. 일본인의 토지 거래는 특히 부산, 경남 지역과 한성부에 집중되었다. 한성부의 경우 일본 상인의 영업 범위가 증가하면서 나타나는 현상이었고, 부산, 경남 지역의 경우 전체 일본인의 토지 거래에서 50% 이상을 차지했다. 일본인이 부산, 경남 지역의 토지를 집중적으로 매입한 까닭은 초기 개항 이후 그들이 부산 왜관에 일본인 거주 지역을 형성했으며, 지리적으로도 일본에서 가까웠기 때문인 것으로 보인다.

1865~1910년 일본 주도 화폐개혁은 인플레이션과 한전비가 하락을 통해서 조선의 경제를 궁핍화시켰고, 무역과 금융 수탈을 통해 일본인들이 조선에서 토지를 집중적으로 매입할 수 있는 계기가

되었다. 즉, 무역 유통의 초과이윤이 토지 자본화된 것이다. 1910년 조선이 일본에 합병되어서 완전한 식민지가 되기 전에 이미 조선은 화폐 주권 상실, 재정실패, 일본으로부터의 차관 의존성 심화, 토지 소유권 이전으로 화폐적 식민지가 되었다.

광무
화폐

제9장

주전식 폐즐

주전식 퍼즐

1910년 대한제국은 광무 연호를 쓰기 시작한 지 불과 13년 만에 일본에 완전히 합병되어서 식민지가 되었다. 잃어버린 제국의 백성들은 왜 제국이 일본의 식민지가 되었는지를 정확하게 알 수 없었다. 돌이켜 보면 조선의 재정 실패, 일본에 대한 군사적 의존, 정치적 무능, 외교적 역량 부재, 일본의 치밀한 식민지 전략, 조정 관료의 무능과 배신 등이 종합적으로 대한제국의 몰락을 가져왔지만, 몰락의 모든 것을 설명하기에는 부족했다. 더 중요한 것은 대한제국이 언제 경제적으로 식민화가 되었는지에 대한 내용이다. 백성들이 대한제국의 식민화 과정을 정확하게 이해하지 못했듯이 역사학계조차도 제국의 경제적 식민화 과정을 정확하게 인지하지 못하고 있다.

현대 자본주의 경제에서 화폐와 신용시장이 붕괴되면 국가 부도 사태가 벌어지고 경제적 대혼란과 공황이 나타난다. 사람들은 고용 불안정과 실업, 빈곤과 사회 갈등, 궁핍한 경제생활 등 총체적으로 영향을 받게 된다. 19세기 말에 시장경제가 활성화되고, 산업자본이 축적되는 시기에도 잘못된 화폐 정책이 대한제국의 정책과 경제에 엄청난 영향을 미쳤다. 경제적으로 돌이켜 보면 일본이 주도한 세 차례 화폐개혁, 일본 화폐의 법적인 유통 허용, 조선과 일본의 화폐전쟁이 대한제국 몰락 과정에서 가장 치명적인 경제 정책적 실패였다. 특히, 1894년 청일전쟁과 신식화폐발행장정, 1904년 러일전쟁과 화폐정리사업은 대한제국을 완전한 화폐적 식민지로 만들었다. 조선 백성들은 1876년 개항 이후 너무나 빠르게 진행된 화폐전쟁의 속도에 적응하지 못했다. 화폐적 교란과 무질서는 폭풍전야와 같이 백성들의 삶을 피폐하게 만들었고 자괴감을 느끼게 하였다. 대한제국 왕실도 재정이 부족하여 일본의 차관으로 목숨을 연명하면서 국가가 백성들에게 더 이상 보호막이나 위로가 되지 못했다. 옛날 조선의 정통성과 주권을 회복하고자 하는 시도가 몇 차례 있었지만, 선언적인 시도에 불과했다. 울분을 참지 못한 지식인들이 포기해 버린 신념에 대한 절망으로 스스로 자결의 방법을 택한 것이 전부였다. 백성들이 탄식하며, 옛날 조선을 얘기하고 그리워했지만 일본 화폐는 너무 깊숙이 생활 속으로 파고들어 왔다. 1910년 일본의 식민지가 되기 불과 200~300년 전인 1678년 조선에서 처음 상평통보가 주전되고 유통되었지만, 조선의 화폐적 주권과 질서는 사라진 몽유도원과 같았다.

이 장에서는 대한제국의 화폐전쟁과 화폐 주권 상실을 이해하기 위해서 1678년 조선에서 처음 상평통보가 주전되었던 때로 돌아가서 초기 화폐정책과 동전 주전, 물가를 차례로 회고해 보았다. 상평통보는 동전 앞면에 '상평통보(常平通寶)'라는 네 글자가 동서남북으로 한 글자씩 배치되어 있고, 가운데 네모난 구멍이 나 있다. 동전의 뒷면에는 동전을 주조한 기관이 표시되어 있다. 이 시기 상평통보는 대한제국 왕실의 오얏꽃 문양이 없고 당일전으로서 한 푼의 가치를 가진다. 상평통보 도입 이전에는 주로 미곡과 면포, 은 등이 상품화폐로 사용되었다. 하지만 교환수단으로서 은은 고액 거래에만 사용되어서 소액 거래를 하기에는 불편했고, 미곡은 저장과 운반에 문제가 많았으며, 면포는 그 자수를 줄여서 질적 저하와 화폐 기능이 떨어졌다. 이에 휴대가 용이하고 화폐 가치를 일정하게 유지할 수 있는 동전의 주전에 대한 논의가 진행되었다. 17세기 들어서 조정의 많은 찬반 논쟁으로 조선통보가 잠시 도입되었지만 백성들의 신뢰가 없어서 곧 사라졌다. 이후 1678년 상평통보가 도입되어 주전되었으며, 전국적으로 유통되었다.

초기 화폐가 도입되는 시기에 새로운 동전의 사용에 대한 백성의 신뢰를 얻기 위해서 동전 가치를 실물상품 또는 이 당시 상품화폐로서, 면포, 미곡과 은의 가치로 유지시키는 동전 가치 안정화 정책이 마련되었다. 하지만 시장 거래에 비해 동전 주조가 부족했고 그 결과 조선 후기 대표적 화폐 현상인 전황이 나타났다. 전황은 실제 거래에 필요한 동전의 수요보다 공급이 부족한 현상으로, 동전이 귀해지고 디플레이션이 나타나게 된다. 이 장에서는 1678년 상평통보 유통 정책과 발행량을 정리해 보았다. 1678~1865년까지 주전된 상평통보의 자료와 이 책의 앞부분에서 살펴본 1865~1910년 근대 조선의 화폐량 자료를 연결하면 조선 후기 전체 화폐량 자료를 구축할 수 있다(부록 표 7). 이 책은 조선 전체 화폐량의 자료를 구축해서 정리한 첫 번째 연구이며, 화폐 자료가 부족해서 연구가 미진했던 조선 시대 물가사와 무역사에 대한 이해의 전환점이 될 것이다.

1. 상평통보

17세기 초 조선에서는 미곡과 면포가 상품화폐로 광범위하게 사용되었다. 상품화폐의 유용성과 지속적인 사용으로 동전의 주전 정책은 계속 실패하였다. 조선 양반가의 생활 일기에서 나타난 상품화폐의 사용 사례를 살펴보면 미곡과 면포가 얼마나 광범위하게 유통되었는지를 확인할 수 있다. 『묵재일기(默齋日記)』는 양반인 이문건이 41세 되던 해부터 사망할 때까지 1535~1567년의 생활 내용이 서술되어 있다.[40] 『묵재일기』에서 이문건이 구매한 상품은 전답과 노비, 서적·종이류, 곡물·포목류, 어물, 약재, 피혁, 철물, 약초 등 규모가 큰 자산부터 작은 생활용품까지 총 망라되어 있다. 전답은 16차례 구매했는데 면포로 8차례, 미곡으로 3차례, 소와 말로 4차

40 자료가 누락된 시기는 1537년 6월 4일~1544년 말, 1545년 9~12월, 1547년 2~12월, 1548년 7월~1550년 12월, 1557년 6월, 1559년 5월~1560년 12월, 1562년 11~12월, 1563년 1월이다. 이정수(2003, 2005) 참조.

례 지불하였다. 그리고 약재의 경우는 주로 고급 면포인 정목(正木)으로 결제하였고, 생활용품과 소액 상품은 쌀[米]로 결제하였다. 지불 수단의 비중은 면포(26%)와 미곡(25%) 순이었으며, 면포는 포, 상포(常布), 정포(正布), 6승포(升布), 9승포, 관포(官布), 회양포(回捧布), 호포(好布), 세포(細布)[41] 등 품질에 따라 다양하게 사용되었다. 17세기 이후 면포의 질이 좋지 않은 추포가 일반화되면서 화폐의 기능을 상실했으며, 쌀이 면포를 대체하였다.

『미암일기』 유희춘이 1567~1577년까지 10년간의 생활을 기록한 일기이다. 유희춘이 구매한 물품의 종류는 전답, 서적·종이류, 곡물류·포목류, 어물과 약재, 기타 생활용품 등이다.[42] 주요 지불 수단은 중국 서적을 제외하고는, 면포(39%)와 미곡(27%)을 주로 사용하였다. 여기에서 면포와 미곡을 동시에 결제한 것(8%)을 포함하면 전체 거래의 74%가 면포와 미곡으로 지불되었다. 제수, 제기, 장독(長獨), 서필(西瓜) 등 소액 거래에는 주로 미곡을 사용하였다. 면포 가운데 추포는 없고 주로 4승(升) 이상의 질 좋은 면포가 사용되었으며, 3승포, 4승포, 5승포, 회봉포 등 사용된 면포의 질이 구체적으로 명기되어 있다. 한편, 『쇄미록』은 오희문(1539~1613)이 임진왜란 당시 피난 생활을 기록한 일기(1592~1601)이다. 그는 가계에 필요한 각종 생

---

41 대체로 일기에서 다양한 종류의 포(布)로 매매되었기에 편의상 5승(升) 이상의 질 좋은 포(布)를 정포(正布), 4승 이하의 포를 상포(常布)라 칭하였다. 그 외 3승 미만의 추포(麤布)가 있다.

42 유희춘가(家)의 물품 구매 내역에 관한 자세한 사항은 이정수(2003, 2005) 참조.

활용품을 한양 인근 시장에서 구입하였다. 결제 수단으로는 은, 면포와 미곡이 사용되었는데, 한양에서 이루어진 37차례 거래 가운데 22차례 거래가 은(59.5%)으로 결제되었으며, 면포는 12차례(32.4%), 미곡은 3차례(8.1%) 사용되었다. 이를 통해 16세기 말~17세기 초 한양에서 은화가 결제 수단으로 많이 사용되었다는 것을 알 수 있다. 하지만 오희문이 지방으로 옮겨 간 후에는 지불 수단으로 미곡(34%)과 면포(21%)가 주로 사용되었다.

조선은 중국에서 수입된 고급 비단과 조선 면포를 일본으로 수출하고 국제 결제 수단으로 은을 받았으며, 은화는 중국으로부터 고급 비단을 수입할 때 사용하였다. 중국과 일본에서는 동전과 은화를 화폐로 사용했으나 조선에서는 교환 수단으로 면포를 사용한 것은 조선의 유통경제가 미성숙했기 때문이 아니라 면포 자체가 효용성이 큰 교환 수단이었으며, 대일 무역의 주요 수출 상품이었기 때문이다. 16세기 중반 이후 대일 무역이 침체되고 면포의 질이 저하되면서 면포는 실용적 가치를 상실하고 점차 시장에서 미곡 사용이 증가하였다. 1550년(명종 6)에 정세호는 채소·과일과 같은 소소한 물품이 면포(악포) 대신에 쌀로 교역되는 실정을 전하면서 품질이 나쁜 면포인 추포 사용을 금지하고 저화의 유통을 주장하였다.

면포는 실용성 외에도 방적 과정에서 같은 양의 실을 만드는 데 삼베나 모시에 비해 5배 정도 노동 생산성이 높았다. 면포의 노동 생산성 향상은 국가 재정에 큰 보탬이 되었기 때문에, 민간뿐 아니라 정부에서도 적극적으로 면화 생산을 장려하였다. 16세기에 들어서는 전라도와 경상도 남부 지역에 면화 생산이 폭넓게 퍼져서 밭 외에 논을 메워서 면화를 심는 경우가 있어 오히려 문제가 될 정도였다.[43]

우리나라에 비해 일본은 면 제조 기술은 1~2세기 정도 뒤떨어졌으며, 목화 종자도 우리나라에서 전래되었다. 일본은 조선과 중국으로부터 면포가 수입되기 이전에는 자국 내에서 생산되는 마포(麻布)와 견직물을 소재로 한 옷이 대중적인 의류였다. 15세기 후반 일본에서 경제성장과 함께 무사 계급과 상인층을 중심으로 고급 면포 사용이 늘어나면서 그 수요가 확대되었다. 특히 응인(應仁)의 난(亂)이 일어난 1467년을 전후로 조선과의 무역에 있어 자국의 저질 견직물보다 고급 면포의 수요가 증가했고, 양질의 면포가 수입되어 일본 귀족 사회로 침투하였다. 일본 상인들은 조선과의 무역에서 마포보다는 이윤이 많은 면포를 선호하였다. 1540년(중종 35) 대일 무역 상품이 기존 동(銅), 호초(胡椒), 소목(蘇木)에서 은(銀) 중심으로 바뀌면서 많은 왜은(倭銀)이 유입되었고, 반면 조선에서 5승 이상의 고품질 면포가 일본으로 수출되었다. 당시 지주·상인층은 질 좋은 양포를 축적하여 대부분 대일 무역에 사용하였다.

하지만 면포의 질이 저하되고 쌀의 운반 비용과 저장 문제가 나타나면서 조선은 1633년 조선통보를 발행하고, 적극적인 동전 유

43 『중종실록』 권17, 중종 7년 10월 1일(신축) 참조.

통 정책을 실시하였다.[44] 1650년대 말까지 별도로 주전청(鑄錢廳)을 설치하여 동전을 주조하거나 중앙 관서 및 군영에서는 물론 개성과 수원, 안동 등 각 지방 관청에서도 동전을 주조하였다. 중국의 만력통보를 본뜬 팔분서체 조선통보와 십전통보(十錢通寶)를 주조·유통시켰다. 참고로 조선 전기에는 중국의 개원통보(開元通寶)를 따라서 주조한 해서체(楷書體) 조선통보 및 중국 동전의 유통을 시도하였다.

1650년에는 대동법의 세금 일부를 면포와 미곡 대신 동전으로 납부하도록 하여 대동법과 동전 사용(행전법)을 연결하여 시행하였다. 또한, 동전 가치를 안정적으로 유지하고 동전에 대한 백성들의 신뢰를 얻기 위해서 1655년에는 은화 1냥=동전 6냥=쌀 1석으로 동전의 가치를 은과 쌀, 면포의 가치와 연계하였다. 인구가 증가하고 장시 거래가 활성화되면서 동전 화폐가 더 많이 필요했지만 새로운 동전에 대한 백성들의 신뢰가 없어서 동전 사용이 전국적으로 확대되지 못했다. 1656년 효종은 "애당초 동전을 사용하게 한 것은 오로지 재화의 유통을 위해서였다. 10년 동안 조금도 효과가 없으니 어찌 혁파하지 않겠는가."라고 하면서 조선통보의 사용을 중단시켰다.[45] 조선의 화폐 정책은 1656년에 중단되었다가 다시 1678년에 상평통보가 주전되어 유통되었다.

1678년 상평통보가 도입되는 초기 화폐경제 시기 조선의 특징은

---

44 원유한(2005), 64쪽 참조.
45 『효종실록』 권17, 효종 7년 9월 25일(경오) 참조.

첫째, 동전의 원료인 동을 자체적으로 생산하지 못해서 일본으로부터의 수입에 의존하였다. 둘째, 동 수입을 정부가 독점하고 있어서 동전 주전에 대한 이니셔티브가 민간이 아닌 정부의 공급 의지에 달려 있고, 셋째, 정부가 유교적 지배철학을 이유로 동전 주조와 상거래에 대해 부정적인 인식을 가지고 있어서 동전 주조를 억제하였다. 넷째, 초기 화폐 도입 시기에 동전 사용을 활성화하기 위해서 동전 가치를 은과 미곡 등 상품 가격으로 고정하는 동전 가치의 보전 정책(은전비가와 공가)을 실시하였다. 마지막으로, 조선 후기 동전 주전 비용은 동 재료비(62.5%)를 제외하고 동전 가치의 28~38% 수준으로 유럽의 2~10%에 비해 상당히 과다한 편이었다. 따라서 조선 정부는 주전 차익이 작아서 동전을 적극적으로 주전하지 않았다.[46] 조선 후기 주전 비용에 대한 기록에서 공임은 전체 주전 비용 가운데 20~30%를 차지하였다.[47] 또한, 수입된 동 원료의 운반과 주전에 필요한 연료비와 주전한 동전을 중앙정부나 지방으로 운반하는 비용인 태가도 전체 비용에서 10~36% 정도를 차지할 정도로 운반비와 연료비가 과다하였다. 동전의 주전 비용을 절감하기 위해서 정부는 동전 주전에 필요한 연료의 생산지 또는 동의 수입지인 동래 왜관 등에서 직접 주전을 하였다.[48]

---

46 16~17세기 유럽 은화와 금화의 주전 비용은 스페인의 경우 1.8~3.7%였고, 영국은 0.8~3.4%로 스페인보다 낮았으며, 프랑스가 1.9~10.1% 정도로 비교적 높았다(Sussman, 1993; Motomura, 1994).

47 『영조실록』 1735년, 1750년 참조.

48 동전 유통 정책에 대해 권인혁(2011), 유재현(2014), 이헌창(1999)을 참고하였다.

1678년에 상평통보를 도입하면서 동전의 원활한 유통을 위해 정부의 조세와 재정지출에도 동전 가치를 미곡, 면포와 은화의 상대적 가치에 연결하여 안정시키고, 세금의 일부를 동전으로 납부하게 하였다. 또한 정부 관리 임금(녹봉)의 일부를 동전으로 지급하는 등 이전 조선통보 유통정책보다 더 세심한 정책을 실시하였다. 동전의 가치 부여(valuation)는 첫째, 동전 가치를 당시 국제 결제 통화인 은과 비교한 은전비가(은 1냥=동전 4냥) 방법, 둘째, 세금과 재정지출 등 국가 물류 체계에서 공식적으로 적용되는 동전과 면포 및 쌀의 상대 가격(동전 1냥=면포 1필=쌀 0.25석)을 법으로 제정하는 방법 등을 이용하였다. 1678년 조선 정부는 『대명률』에 따라 동전의 공정 교환가치를 쌀 1석=은화 1냥=동전(상평통보) 4냥으로 정했다. 동전의 은전비가에 대한 자료는 [표 9-1]에 나타나 있다.

은과 동전의 교환 비율(은전비가)은 1678년 상평통보가 처음 주전될 때 은 1냥=동전 4냥이었다. 1679년에 은 1냥=동전 2냥으로 조정하였으며 1680년에 은의 국제 가격 수준인 은 1냥=동전 8냥으로 다시 조정하였다. 하지만 동전 가치가 귀해지면서 1682년 은 1냥=동전 2.5냥이었다가, 은의 가격이 올라서 1700년에 은 1냥=동전 5냥이었으며, 1795년에 은 1냥=동전 3.7냥이었다. 중국과 일본의 경우 은의 가격은 국제 가격 수준인 1냥=동전 8~10냥이었는데 조선은 동전 유통을 활성화시키기 위해서 동전 가치를 국제 수입 가격보다 2배 이상 비싸게 유지하였다. 또한, 조선 정부는 동전의 가치를 쌀과 면포로 일정하게 유지하였으며, 조세를 납부하기 위한 금

[표 9-1] 조선 후기 동전의 은전비가(比價)(은 1냥당 한전 동전)

연도	은전비가(比價)	일본 오사카 은전비가	중국 북경 은전비가
1655	동전 600문		
1678	동전 400문		
1679	동전 200문		
	동전 220문		
1680	동전 800문		
1682	동전 250문		
1690	동전 260문		
1700	동전 500문		
1701	동전 300문		
1727	동전 200문		925문
1730	동전 200문		950문
1731	동전 200문		925문
	동전 250문		925문
1732	동전 260문	833문	900문
1742	동전 180문	632문	815문
	동전 200문	632문	815문
1769	동전 200문	672문	950문
1795	동전 370문	1,036문	1,150문
1798	동전 330문	1,055문	1,090문

*자료: 조선왕조실록, 『승정원일기』, 『비변사등록』, 유현재, 『조선 후기 주전정책과 재정활용』(2014) 인용
**동전과 은의 대비 가격은 시가 기준이며, 1678년 가격은 상평통보를 주전할 때의 공시가격이다.

납전의 경우 동전과 쌀, 면포의 가치를 미리 정하였다. 1679년에 면포 1필=동전 0.5냥이었으나, 1690년에는 면포 1필=동전 1.5냥, 1702년 면포 1필=동전 3.4냥으로 상승하였다. 하지만 면포의 가격 변동은 조선 후기 동안 비교적 안정적이었고 은의 가격 변동과 비슷하게 안정적인 추세를 보였다.

초기 화폐경제에서 국가가 동전의 가치를 안정적으로 유지한 이유는 동전 유통을 촉진하려는 목적이 강하였다. 국가가 세금의 일부를 동전으로 납부하는 금납전의 경우 세금으로 납부할 동전의 비중이 정해져 있고, 동전의 무게와 규격이 법으로 정해져 있었다. 국가의 조세와 재정지출에 사용되는 동전의 경우 심하게 무게나 작거나 조악하게 만들어진 사주, 협주 등의 동전은 국가에서 거부하였다. 선혜청에서 국가가 사용할 현물을 확보하기 위해서 세금에서 현물, 면포, 동전의 납부 비중을 별도로 정하였다. 이렇게 조세로 동전의 비중이 정해진 경우 현물로 받아들이지 않았다. 금납전의 비율은 지역마다 조금씩 차이가 있지만, 영남의 경우 쌀 3/5, 면포 1/5, 동전 1/5로 하였으며, 호남의 경우 쌀 4/6, 면포 1/6, 동전 1/6이었으며, 호서 지방은 쌀 12/15, 면포 2/15, 동전 1/15로 하였다. 백성들은 세금을 동전으로 납부하려면 국가에서 미리 정한 동전과 상품의 상대가격을 적용하여 그에 해당하는 상품과 동전을 교환한 후 세금을 납부해야 했다.

정부의 재정수입에서 동전 비중이 점차 증가하였지만 동전 주전이 원활하지 못해서 동전을 구하기가 여전히 힘들었다. 전황 시기에 세금으로 납부할 동전인 금납전을 구하기 위해 미곡을 팔아서 동전을 구했는데, 이때 미곡 가격이 하락하고 동전의 품귀 현상이 확대되었다. 정부는 세금을 동전으로 거두어서 정부관리의 임금을 쌀로 지급했는데, 이를 위해 시중에서 동전을 주고 쌀을 다시 구매[貿米]하는 과정을 거쳤다. 즉, 동전으로 세금을 징수하고 다시 동전을 주고 쌀을 수매하는 환류 과정이었다. 전황이 심각한 시기에 국가의 환류 과정에서 동전 가치가 귀해지면서 많은 동전이 정부와 상인들에 의해 퇴장되었다. 동전은 세금 형식으로 전체 화폐량의 80%가 중앙정부로 환수되었으며, 다시 조정의 물품 구입이나 관리의 녹봉으로 지급되었다. 동전의 유통 범위가 전국적으로 점차 확대되었으며, 동전을 교환 수단 이외에 가치 저장 수단으로 보유하려는 수요도 증가하였다. 동전 유통량은 1700년 초 500만 냥을 넘었으며, 이를 당시 미가로 계산하면 농업 생산량(쌀 생산량)의 80%에 가까운 130만 석 정도를 살 수 있었다.

하지만 정부와 상인에 의해 많은 동전이 퇴장되었고, 전황은 더욱 심화되었다. 시중에는 전체 동전 주전량의 10~20%만 유통되었으며 정부도 무게가 덜 나가고 재질이 떨어지는 새로운 동전을 주전한 뒤에 구동전으로 교환하는 일이 빈번하였다. 1775년 어영청이 동전의 재질과 무게가 떨어지는 신동전 45만 냥을 새롭게 주전한 후에 13만 냥을 구동전으로 교환하여 1할의 이익을 취하였다는 기록이 있다. 주전청은 새로운 동전을 국가기관에 비축한 구동전으로 교환하여 재정 비용을 충당하였는데 1828년에는 각 관청의 구동전이 고갈될 정도였다. 시중에서 동전을 구하기 힘들어지고 동 원료의 수입도 어려워지면서 백성들이 다시 상품화폐인 쌀과 면포를 선호하였다. 호조의 조세수입을 통해 교환 수단으로 사용되던 은, 동전, 면포의 사용 비중을 살펴볼 수 있다. 상평통보 도입 이전인 1665년 면포의 사용 비중(9.1%)은 은의 사용 비중(3.2%)에 비해 3배 가까이 되었다.[49] 하지만 1678년 상평통보 도입 이후 1700년 호조의 세입에서 동전 비중(6.9%)이 면포(6.8%)보다 컸으며 은의 비중(3.2%)이 가장 낮았다. 동전의 사용 비중은 점차 증가하여 1730년 13.7%에 달하였고 면포의 비중(6.9%)과 은의 비중(2.2%)은 점차 감소하였다.

2. 전황

17세기 조선은 농업 생산을 증대시키기 위해 수리 시설을 확충하여 수전 농업을 발전시키고, 이앙법을 보급하였다. 이앙법의 보급으로 단위면적당 수확량이 늘어났고, 벼와 보리의 이모작이 가능해지면서 생산량이 증가하였다. 또한, 국가 재정수입의 60% 이상을 차지하던 공납(貢納)은 농민 부담이 가중되어 사회 문제가 되었는데, 이를 해소하기 위해 1608년 대동법(大同法)이 시행되었다. 대동법은 이전에 가호(家戶) 단위로 부가하던 공납을 토지에 부과하여 미곡과 면포로 걷는 방식이었다. 동전 사용을 확대하기 위해서 공납의 일부를 미곡, 면포와 함께 동전으로 납부하도록 하였다. 국가는 선혜청으로 하여금 미곡과 면포, 동전을 징수하도록 하였으며, 이를 사용해서 공인(貢人)이라 불리는 특허 상인에게 공가(貢價)를 지불하여

49 호조의 세입과 세출 항목의 합계는 은, 동전, 면포 이외에 미, 전미, 대두, 포 및 기타 정부 사용물품 일체 등으로 구성된다(도지지 권18, 경비부 1년 경비).

국가 수요품을 조달하였다. 국가의 조세 제도인 대동법이 전국적으로 확대 시행됨으로써 공인(貢人) 등 국가 물류 체계가 민간으로 이전되면서 상업이 발전하기 시작하였다. 지방에도 수공업자와 함께 장시가 확대되었고, 인구 증가로 상품 유통이 활발해지면서 화폐 수요도 증가하였다. 하지만 동 원료를 일본에서 수입하면서 동전 주전이 간헐적으로 이루어졌고, 시장에서 동전이 부족한 전황 현상이 나타났다.

상평통보를 주전할 때 동의 함유 비중은 약 73%였으며, 동 이외에 주석과 아연을 같이 사용하였다.[50] 이때, 주석과 아연의 가격은 동 가격의 48% 수준이었다. 동의 대부분은 일본에서 수입하였고, 주석과 아연은 일본보다 값이 저렴한 중국을 통해 들여왔다.[51] 동전 원료인 동, 주석과 아연을 공·사무역을 통해 일본과 중국에서 수입해야 했기에 당시 국제 결제 통화였던 은화가 필요했다. 15세기 이래 정부에서 동광 개발을 억제하고 있었기 때문에 동과 은의 국내 산출량은 매우 적었다. 이에 반해 일본은 16세기 중엽부터 동광산을 본격적으로 개발하여 산출량이 많고 가격도 저렴하였다.[52] 1613년 조선과 일본 간 무역 거래 조약인 기유조약(己酉約條) 체결로 동이 공무역 품목에 포함되었으며, 1613~1650년 매년 29,073

50 19세기 초의 주전식(鑄錢式)에 따르면 동전은 생동(生銅) 73%, 함석(含錫) 13.5%, 상랍(常鑞) 13.5%의 비율로 합성·주조되었다(『만기요람(萬機要覽)』 재용편(財用篇) 4, 주전식(鑄錢式)).

51 『비변사등록』 권91, 영조 8년 3월 26일 참조.

52 小葉田淳(1999) 참조.

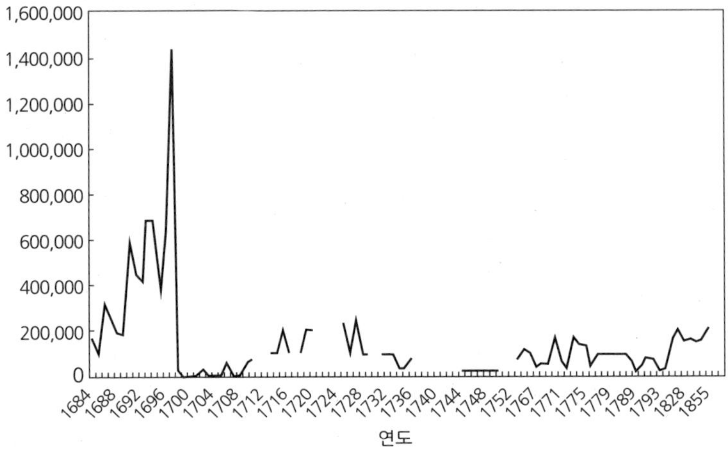

〈그림 9-1〉 1678~1865년 조선의 일본 동 수입량(단위: 근)
*자료: 田代和生, 「對馬藩の朝鮮輸出銅調達 –幕府の銅統制と日鮮銅貿易の衰退–」, 『朝鮮學報』 66, 1973

근, 1651~1702년 매년 29,373근, 1703~1808년 매년 27,900근, 1809~1866년 매년 26,900근을 공식 수입액으로 정하였다.[53] 하지만 1678년에 상평통보가 주조되면서 동 소비량이 급격하게 증가됨에 따라 공무역으로는 동을 확보하는 데 한계가 있어, 많은 부분이 사무역으로 충당되었다.[54] 〈그림 9-1〉은 공무역과 사무역을 통해 일본으로부터 수입된 동의 양을 나타내고 있다. 동의 수입은 1613년 이후 지속적으로 증가하다가 1697년 140만 근을 정점으로 감소

53 동의 액수는 황동(荒銅), 취동(吹銅)을 구분하지 않고 합산한 것이다. 또 1710년까지의 수입액은 정확한 수치이고, 1713년 이후는 수입의 최대량을 기록한 것이다. 은의 무게를 나타내는 1관(貫)을 동의 무게를 나타내는 근(斤)으로 표시하면 6.25근과 같다. 은의 무게 1관은 은의 무게 10냥에 해당한다. 田代和生, 『近世日朝通交貿易史の研究』, 創文社, 1981 참조.
54 1613년(광해군 5) 공무역의 조약 제정.

하여 8만 근 미만으로 떨어졌다. 그 이후 증가와 감소를 반복하였지만 그 규모는 작은 편이었다.[55] 1730년 일본 동 수입량이 점차 감소하고 공급도 불안정해지면서 정부와 상인들은 국내의 동광 개발에도 관심을 갖게 되었다. 특히, 1731년 안변동광, 1741년 수안동광이 개발되었는데, 동 생산량이 겨우 8,000근에 달해서 본격적인 동 채굴은 1828년 갑산동광 개발 이후에 이루어졌다.[56]

조선의 동전 주전(화폐)량을 파악하기 위해 사료에 나타난 공식 동전 주전(화폐)량을 참조하였다. 그 사료는 조선왕조실록, 『비변사등록』, 『승정원일기』 등의 관찬 사료와 『잠곡유고』, 『용호문록』, 『추관지』 등이다. 조선의 공식 동전 주전(화폐)에 대한 자료는 [표 9-2]에 나타나 있다.

동전 주조량이 화폐량 증가분을 나타내므로 총 화폐량은 누적 주조량으로 계산하였다. 동 수입 원료를 효율적으로 사용하기 위해 호조에서 동전 주전을 관리하였는데, 1751년(영조 27)에 금위영, 어영청, 훈련도감 등 삼군영(三軍營)에도 동전 주조를 허가하였다가, 다시 1785년 호조에서 화폐 주조를 전담하여 관리하도록 하였다. 동전의 주전 차익을 위해 금화나 은화를 주전했던 유럽과 다르게 조선왕조실록을 보면 조선은 주로 진휼, 국가 건설 사업, 군사 비용 마련 등을 목적으로 동전을 주조하였다. 흉작으로 인한 진휼 대책

55 田代和生(1973, 1981) 참조.
56 『일성록』, 순조 28년 9월 5일 참조.

[표 9-2] 1678~1865년 상평통보 주전량(단위: 천 냥)

연도	화폐 주조량	누적 화폐량	연도	화폐 주조량	누적 화폐량
1678~1684	50	50	1791	60	5,539
1686	20	70	1793	60	5,599
1690	18	88	1794	60	5,659
1695	550	638	1797	100	5,759
1729	700	1,338	1798	100	5,859
1731	350	1,688	1807	300	6,159
1732	280	1,968	1814	326	6,485
1742	500	2,468	1825	367	6,852
1750	164	2,632	1830	933	7,785
1751	607	3,239	1832	784	8,569
1765	330	3,569	1840	200	8,769
1772	100	3,669	1855	1,571	10,340
1774	640	4,309	1857	916	11,256
1775	500	4,809	1866	16,000	당백전 주전
1785	670	5,479			

*자료: 조선왕조실록, 『비변사등록』, 『승정원일기』, 『증보문헌비고』, 『만기요람』, 『잠곡유고』, 『용호문록』, 『추관지』

과 궁핍 구제(1695년과 1696년, 1731년, 1762년, 1807년, 1813년, 1828년), 군사 비용 조달(1742년, 1750~1752년, 1765년, 1828년), 북한산성 수리비 등 건축 비용(1756년), 전황을 타개하기 위한 목적(1731년, 1757년, 1785년), 개성부와 호조 등 정부의 재정 확충(1816년, 1831년) 등을 예로 들 수 있다. 이때 동전 주전은 보통 7~10년 간격으로 간헐적으로 이루어졌다. 특히, 1678~1695년 초기 화폐 도입 시기에 많은 동전이 주조되었지만, 1696~1729년 33년 동안에는 거의 주조되지 않았다. 이는 영조를 비롯한 조선의 정치권이 화폐경제로 인한 봉건신분제 동요, 상업을 천시하는 국가 지배 이념 훼손 등을 우려했기 때문이다. 그러나 전국적으로 상거래가 증가하면서 동전 주조를 억제하는 명분보다 전황 현상이 더 큰 사회 문제를 가져왔다. 따라서 1730년 이후 전황을 해결하기 위하여 동전 주조를 다시 늘리기 시작하였다.

동전 가치는 동전의 원료비와 주조 비용, 주조 이익을 합한 값과 같아야 한다. 그런데 동전의 가치가 주조 비용보다 현저히 높을 경우에는 주전 이익을 노린 사주(私鑄)나 협주가 발생하고, 반대의 경우는 동전을 녹여서 금속으로 활용하는 훼주(毁鑄)가 발생하게 된다. 또한 장기간의 사용으로 자연적인 마모가 일어나고 구동전을 녹여서 신동전으로 전환하는 개주(改鑄, debasement)도 가능하여 정확한 동전 주전량을 파악하기는 어렵다. 1695~1697년 대규모 주전으로 동전 가치가 하락하자 사주는 줄어들었으나, 1697년에 사주가 다시 증가하자 동래 왜관의 동 수입을 제한하기도 하였다. 1698~1729년 33년 동안 동전 주전이 억제되면서 극심한 전황(錢荒) 현상이 나타나자 사주도 활발해졌다. 1820년 이후 갑산동광 개발로 동 공급이 원활해지고, 주전 이익이 상승하면서 사주도 활발해졌다. 1840년에는 각종 군대 무기를 도둑질하여 사주를 한 장인들을 처벌했으며, 1841년과 1846년에도 사주가 극심해서 장인들을 처벌하였다.

1678~1865년 조선의 화폐 자료를 사용해서 전황의 크기를 직접 추정해 보았다. 먼저 동전 주전량 자료를 근거로 〈그림 9-2〉와 같이 일인당 화폐량을 추정해 보았다. 화폐량은 누적 동전 주전량 자료를 사용했으며, 일인당 화폐량은 화폐량을 인구로 나누어 준 값

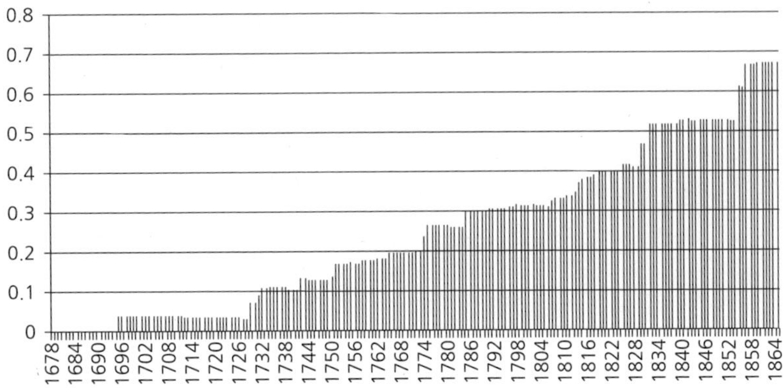

〈그림 9-2〉 1678~1865년 조선의 일인당 화폐량(단위: 냥)

*인구는 한국의 장기통계자료(낙성대경제연구소, 2018; http://www.naksung.re.kr)와 권태환·신용하(1977)를 참조하였고, 동전 주조량은 조선왕조실록, 『비변사등록』, 『승정원일기』, 『잠곡유고』, 『용호문록』, 『추관지』, [표 9-2]를 근거로 필자가 작성하였다.

이다. 조선시대 인구에 대한 자료는 역사인구학의 방법상 논란이 많지만 여기에서는 한국의 장기통계자료[57]에서 발췌한 인구 자료와 권태환·신용하(1977)의 인구 자료를 사용하였다.[58] 1678년 일인당 화폐량은 연평균 0.003냥으로 매우 작았으나, 1865년에는 0.67냥으로 약 220배 증가하였다. 참고로 당백전과 당오전 등 화폐량이 남발된 1866~1910년 일인당 화폐량은 1.62냥이었다.

유럽의 경우 민간의 시장 거래량과 그에 따른 화폐 수요가 증가하더라도, 민간 부문으로부터 화폐 원료인 금과 은 공급이 탄력적

57 낙성대경제연구소, 2018; http://www.naksung.re.kr.

58 인구 추정에 대한 방법론적 문제 제기는 박희진·차명수(2004) 참조.

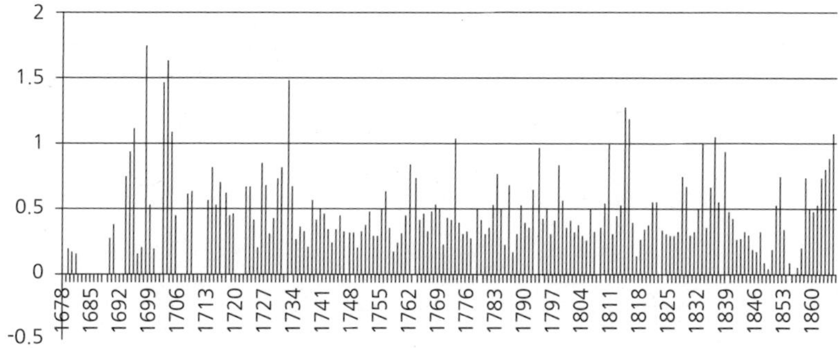

〈그림 9-3〉 1678~1865년의 전황 현상(단위: 냥. 전황=일인당 소비액-일인당 화폐량)

*조선왕조실록, 『비변사등록』, 『승정원일기』, 『증보문헌비고』, 『잠곡유고』, 『용호문록』, 『추관지』, 『만기요람』 재용편(財用篇), 『목민심서』 진황육조(賑荒六條), 『거관대요』 진정(賑政), 『사정고』, 이정수·김희호(2006)를 참조하여 필자가 직접 작성하였다.

으로 증가하면서 전황이 발생하지 않았다. 특히, 금과 은은 국제 결제 수단으로서 무역에서 광범위하게 사용되었으며, 국제 가격 격차를 이용한 차익 거래도 활발하였고, 금과 은 시장도 비교적 경쟁시장이었다.[59] 이에 반해, 조선의 동전 주전(화폐)량은 일본으로부터의 동 수입에 의존하므로 화폐 공급이 상당히 비탄력적이었다. 동전의 주전 비용도 커서 정부의 주전 차익을 위한 인센티브도 거의 없었다. 조선 정부는 1724년 전통적 사회질서를 해치는 원인으로 동전 유통과 상거래를 지목하고 동전 주조를 금지하였는데, 그 결과 전황은 더욱 심각해졌다. 전황의 크기를 측정해 보기 위해서 전황을 일인당 소비액 대비 일인당 화폐량의 차이로 정의한다. 〈그림 9-3〉

59 Sussman(1993), Motomura(1994) 참조.

은 추정된 전황의 크기를 나타내는데, 전황의 크기가 양(+)의 부호를 가지며 전황 현상이 심할수록 실제 소비량 대비 화폐량이 부족하다는 뜻이다.

전황을 측정하기 위해서 일인당 소비량의 대용변수로서 일인당 소득을 사용해야 하지만 이 시기에는 소득의 개념이 없어서 대신 최소 소비량을 사용하였다. 일인당 최소 소비량은 진휼곡에 명시된 소비량을 기준으로 계산하였다. 하루 최소 소비량은 남자 장년은 5홉, 여자 장년은 4홉, 남녀 노인은 4홉, 남녀 아동은 3홉이었으며, 조선 후기 5인 가족을 기준으로 남자 장년 1인, 여자 장년 1인, 남녀 노인 1인, 남녀 아동 2인으로 한 가족을 구성하였을 때 전체 인구에서 남녀노소의 비율을 구하였다. 이를 가중치로 사용하면 일인당 최소 소비량(쌀)은 연평균 0.38석이었다. 일인당 최소 소비량에 매년 시장 가중 평균 미가를 곱하면 일인당 소비액은 0.19~1.75냥이었으며, 1700년 기준 일인당 소비액은 1.52냥이었다. 진휼곡에 따라 남녀 연령별 소비량(1일) 자료는『만기요람』재용편(財用篇) 황정(荒政)과『목민심서』진황육조(賑荒六條),『거관대요』진정(賑政)(『조선민정자료 목민편』),『사정고』(『조선민정자료총서』)에서 발췌하였다.

그림에서 전황은 처음 상평통보가 도입되는 시기인 1678~1695년과 동전 주조를 엄격하게 금지했던 시기인 1696~1729년에 특히 심각했다는 것을 알 수 있다. 또한 조금씩 정도의 차이는 있지만 조선 후기인 1678~1865년 대부분의 기간에 전황이 나타났다. 1678~1865년 일인당 소비액 0.19~1.75냥에 비해 일인당 화폐량은 평균 0.003~0.67냥이었으며 동전 공급이 항상 부족하였다.

초기 상평통보가 발행된 전황 시기(1678~1695)에 일인당 소비액 대비 화폐 공급 비율은 0.5~3.6% 수준에 불과하였다. 하지만 화폐 공급이 증가하면서 시장 소비액 대비 화폐 공급 비율은 1750~1820년 30~40%, 1820~1865년 60~80%로 증가하였다. 결국 조선 후기인 1678~1865년 동안 시장 소비액 대비 화폐 공급량이 부족한 상태였다.

기존 연구에서는 전황을 화폐 공급 측면에서 동전 부족 현상으로 정의하고 있는 데 반해, 이 책에서는 거래 소비액(화폐 수요) 대비 화폐 공급이 상대적으로 부족한 현상으로 사용하고 있다. 어느 한 국가의 경제에서 화폐 공급이 부족하다는 것은 시장 거래량과 화폐 수요를 기준으로 판단되기 때문이다.[60]

전황의 경제적 원인은 시장 거래량이 확대된 데 반해 동전 주전이 제약되었기 때문이지만 동전의 퇴장 등 다른 요인들도 복합적으로 작용하였다. 첫째, 화폐경제가 확대되면서 전통적인 유교 질서가 훼손되고 사회 가치가 화폐로 평가되면서 정치권은 화폐 유통에 부정적이었다.[61] 둘째, 조선 정부는 사치, 상공업 발달, 농민의 토지 이탈 등 여러 사회 문제를 염려하여 동과 은의 광산 개발을 억제하는 정책을 실시하였다. 정부와 상인들은 일본 동 수입 무역을 독점하

60 『경제야언』「전화변통지의」, 『일성록』, 정조 12년 8월 17일 참조.
61 『승정원일기』 권614, 영조 2년 4월 12일 참조.

면서 폭리를 취하고, 동전 원료 부족을 가중시켰다. 셋째, 중앙과 지방의 각 관청과 군영에서 세금 등으로 들어온 동전을 퇴장시켜서 전황을 악화시켰다.[62] 관청이 연간 세입에서 퇴장시킨 동전의 비율이 80%가 넘었다는 기록으로 볼 때 국가의 동전 퇴장 행위는 심각했었다. 넷째, 영리를 추구하는 상인이나 지주층은 상업 이윤이나 미곡 등 농산물을 판매하여 동전을 받은 후 그것을 퇴장시켜서 고리대 자본으로 활용하는 경우가 많았다.[63] 즉, 봄에 동전으로 농민에게 빌려주고, 가을 추수기에 미곡 등 상품으로 대납하도록 하는 고리대업은 농업 생산의 이윤보다 5~6배의 높은 이윤을 가져왔다.[64]

전황으로 사회 문제가 발생하자 조선 정부는 동전 원료를 확보하여 전황을 해소하기 위해 국내 동광을 개발하였다. 또한, 동전 원료 부족에 대한 대책으로 동전의 무게를 줄이는 품위 저하(debasement)에 대한 논의도 전개하였다. 특히, 1751년 일본 은의 수입이 단절되면서 고액권인 은화가 사라지자, 은화를 대체할 통화로서 고액전 발행에 대한 논의를 진행하였다. 상평통보 가치의 10배가 되는 당십전(當十錢)을 주조하자는 견해가 가장 많았는데, 1866년 당백전이 주조되기 이전까지 고액전은 발행되지 않았다.

[표 9-3]은 1678~1865년 전황 시기에 미가로 표시한 물가와 인

---

62 『비변사등록』 권165, 정조 6년 11월 7일 참조.

63 『성호사설』 인사문(人事門) 전해(錢害), 『비변사등록』 권165, 정조 6년 11월 7일 참조.

64 『숙종실록』 권29, 숙종 21년 12월 무술(10): "鄕曲土豪 當青苗穀貴之時 以穀貿錢 假貸貧戶 及秋而取其子母息 還以換穀 富戶以此坐收五六倍之利 而貧者益不能支."

[표 9-3] 1678~1865년 물가와 인구의 연평균 변화율(%)

연도	물가(%)	인구(%)
1678~1710	4.91	-0.3
1711~1750	-1.00	0.5
1751~1790	1.19	-0.1
1791~1820	-0.46	0.18
1821~1865	1.93	-0.05
전 기간	1.13	0.06

*미가는 한국의 장기통계자료(낙성대경제연구소, 2018; http://www.naksung.re.kr)와 이영훈·박이택(2004)을 인용하였고 인구는 한국의 장기통계자료와 권태환·신용하(1977)를 인용하였다.

구의 연평균 변화율을 보여 준다.

화폐가 처음 도입된 1678년부터 1865년까지 미가는 거의 안정적으로 유지되었다. 이 시기 대표적인 미곡 생산 지역으로서 경상도 경주와 전라도 영암의 미가를 가중 평균한 값을 사용하였다.

1678년 시장 평균 미가는 0.51냥/석이었으나 점차 상승해서 1865년 4.6냥/석에 달했다. 미가는 상승과 하락을 반복하였지만, 1678~1865년 약 200년 동안 연평균 물가 상승률은 1.13%로서 상당히 안정적이었다. 흥미로운 점은 인구는 미가 변동과 반대 방향으로 움직이고 있었다는 것이다. 인구 증가는 시장 거래량을 증가시키고, 화폐 수요를 자극해서 동전 가치를 높이고 물가를 하락시키는 요인이 되었다. 한편, 앞에서 살펴보았듯이 1865~1910년 근대조선은 그 이전에 비해 물가 변동이 극심하게 나타났다. 근대조선에서 물가는 1883년 이후 당오전 남발로 급등하여 백동화가 발행되는 1892년까지 연평균 8.33% 상승하였다. 1893~1904년 물가는 18.11%로 급등하다가, 1904년 화폐정리사업 이후 8.26% 하락하였다.

3. 주전식 퍼즐

조선에서 전황 현상으로 동전이 귀해지면서 액면가치가 높은 당십전과 당백전 등을 주전하거나 동전의 무게와 질을 낮추는 품위 저하(debasement)에 대한 논의가 진행되었다. 동전의 품위 저하는 구동전과 신동전이 동일한 액면가치(by-tale)로 유통되는 경우 화폐량 증가로 나타나지만, 조선에서는 그렇지 않았다. 화폐사의 주요 논쟁은 주화의 무게와 질을 낮추는 주화의 품위 저하가 화폐량에 미치는 효과에 대한 것이다.

유럽 국가들은 금화와 은화 등 법정주화의 제작을 독점적으로 관리했으며 주화의 무게와 형태, 금과 은의 함유량을 법으로 규정하였다. 민간이 상거래에서 화폐가 필요하면 금과 은으로 된 제품이나 구주화를 국가의 지정 주전소에 가져가고, 국가는 주전 비용(brassage)과 주전 이익(seigniorage)을 빼고 나머지 가치에 해당하는 새로운 동전을 주전하여 몇 주 후에 돌려주었다. 유럽 국가들은 왕실의 재정수입을 늘리기 위해 주화의 무게와 함유량을 줄여서 주전 비용을 절감하거나, 주전 이익을 높이는 주화의 품위 저하를 자주 시도하였다. 1509~1551년 영국 왕실은 재정 확충을 위해 금과 은의 함유량을 줄이는 품위 저하를 시도하였는데, 1509년 1파운드 은화에서 은의 무게는 6.4온스였으나, 1551년에는 그 무게가 1온스도 안 되었다. 프랑스에서도 1285~1450년에 무려 123번의 품위 저하가 있었고, 매번 5~50%씩 주화 무게가 감소하였다. 유럽 국가에서 주화의 품위 저하는 화폐량을 급격하게 증가시켰으며 정부의 주전 이익도 증가하였다.[65]

유럽에서 주화의 품위 저하로 구동전과 신동전이 무게 단위(by-weight)로 유통되었다면, 금과 은의 무게가 이전과 동일하므로 화폐량의 변화가 없어야 하는데 실제로는 대규모로 화폐량이 증가하는 퍼즐이 나타났다. Rolnick et al.(1996)은 주화의 품위 저하 퍼즐을 가져온 원인이 구동전과 신동전이 무게 단위가 아닌 같은 액면가치로 유통되었기 때문이라는 것을 보여 주었다.

즉, 구동전과 새로 주조된 신동전이 같은 액면가치를 가지고 유통되는 경우 구동전을 가지고 있는 사람들은 구동전의 구매력을 보전하기 위해 새로운 동전으로 전환할 때 화폐량이 증가한다. 이때 가벼운 신동전(악화)이 무거운 구동전(양화)을 구축하는 그레셤(Gresham)의 법칙이 나타난다. 14~15세기 스페인과 프랑스에서 주화가 무게 단위가 아닌 액면가치로 유통되는 경우가 많고, 주화의 품위 저하로 인해 주전 이익과 화폐량이 증가했다. 하지만 구주화와 신주화가 동일한 액면가치로 동시에 유통되려면 정보 비대칭성으로 인해 사람들

65 Rolnick et al.(1996), Motomura(1994), Sussman and Zeira(2003) 참조.

이 두 주화의 차이에 대해 알아차리지 못해야 된다.[66]

조선에서도 동전의 무게와 함유량을 줄이는 품위 저하가 몇 차례 있었지만, 동전 품위 저하가 화폐량에 미치는 효과에 대한 연구는 아직 없었다. 조선에서 동전의 품위 저하는 유럽과 다르게 화폐량을 증가시키지 못했는데, 이는 조선의 화폐경제적 특성에 기인한다. 조선은 1678년에 동(73%)과 주석과 아연 등(27%)을 섞어서 '1푼(문)'이라는 액면가격을 가진 상평통보를 주전하였으며, 이때 동전 무게는 2전5푼이었다. 상평통보는 1866년 당백전과 같은 고액전이 주조되기 전까지 당일전만 주조되었다. 조선에서 동전의 품위 저하가 있는 경우 구동전과 신동전이 같은 액면가치를 가지고 동시에 유통되었다. 그 이유는 당시 교통과 정보 교환이 느린 농업경제사회에서 동전의 무게 변화를 인식하는 데 시차가 있거나, 사람들이 정보의 비대칭성으로 인해 구동전과 신동전이 모양과 무게가 유사하고 액면가격이 같아서 동의 함유량이 낮아진 사실을 몰랐기 때문이다. 또한, 사람들이 동전의 재질이 나빠졌다는 사실을 알았더라도 구동전을 신동전으로 바꾸는 주전 비용이 동전 가치에 비해 너무 비쌌다. 조선의 주전 비용은 동 재료비(62.5%)를 제외하고도 공임(20~30%)과 운반 비용(10~36%)이 상당히 높았다.

영·정조 시기에 전황으로 동전의 가치가 귀해지자 민간의 불법 사주가 성행하였으며, 정부는 민간의 사주 행위를 사형 등 엄벌로 다

66 Li(1995), Velde et al.(1999), Sussman(1993), Sargent and Smith(1997) 참조.

스렸다.[67] 동전의 주전 비용이 증가하자 조선 정부는 지역 관청과 군영에서 주전 기술자와 잡역 인력을 동원하였으며, 동전의 주전 인력은 최대 1천 명이 필요했는데 재정 부족으로 공임을 지급할 수 없었다.[68] 1731년에 동전 주전의 공임이 비싸지면서 조선 정부는 공임을 지급하는 대신 동전 주전에 동원된 인부들에게 5일간 관에서 동전을 주전한 후 주전 틀을 그대로 이용하여 1일간 사적으로 함량이 모자란 동전인 협주를 제작하여 유통하는 것을 허용하였다.[69] 하지만 협주가 증가하면서 부스러지거나 물에 뜨는 조악한 동전이 나타나면서 협주를 금지하였다.[70] 1788년 조선 정부는 연례 주전제를 실시하여, 이전에는 동전이 필요할 때마다 비정기적으로 주전하던 것을 매년 정기적으로 50,000~60,000냥씩 주조하여 전황을 타개하고 재정을 충당하고자 했다. 하지만 이것도 만성적인 동 원료 부족, 주전 시설과 기술 미비, 동전 운반 수단의 애로를 극복하지 못해 실시되지 못했다.[71] 한편, 국가가 재정 부족으로 주전 비용을 충당하지 못하면서 민간에게 도급으로 동전 주조를 맡기고 일정한 세금을 거두는 시도를 하였지만 실현되지 못했다.[72]

1730년 일본 동의 수입 가격이 비싸지고 수입이 원활하지 못하

---

67 『비변사등록』 90, 영조 7년, 『잠곡유고』 5 참조.
68 『추관지』 3, 고율부 주전, 『만기요람』 재용편 4, 협주식 참조.
69 『정조실록』 권48, 정조 22년 참조.
70 『비변사등록』 90, 영조 7년 참조.
71 『비변사등록』 174, 정조 13년 참조.
72 『비변사등록』 49, 숙종 21년 참조.

자 조선 정부는 동전의 무게와 동 함유량을 줄이는 동전의 품위 저하를 통해서 전황에 대처하였다. 『비변사등록』과 『승정원일기』, 『추관지』, 『만기요람』 등 관찬 사료를 근거로 할 때 조선의 주전 이익률은 1679년 50%, 1727년 20%, 1731년 50%, 1750년 37.5%, 1752년 60%, 1755년 30%, 1798년 20%였으며, 19세기에는 일반적으로 10~20%였다.[73] 동전을 처음 주조한 1678년과, 33년 동안 주전을 금지한 후 다시 발행한 1731년과 1752년의 주전 이익률은 50~60%였으나 나머지 시기는 주전 이익률이 20~30%였다. 하지만 동 수입이 어려워지고 동 가격이 오른 1723년과 1786년에는 주전 이익률이 0~3%로 아주 낮았다.[74] 필자는 동전의 주전 비용을 직접 추정하고, 이를 이용하여 주전 이익률을 다시 계산해 보았다. 동전의 총 주전 비용은 공임 등 주전 비용(brassage)과 주전 이익(seigniorage)으로 구분되며 재료비는 별도로 계산하였다. 여기에서는 공임(20~30%)을 추가적인 주전 비용으로 고려하는 경우. 주전 이익률은 8~18%로 추정된다. 또한 동전 주전에 필요한 연료비와 운반태가는 적게

73 1866년 당백전의 주전 이익률은 360%였으며, 1883년 발행된 당오전의 무게는 1매당 2.4전, 동의 순도는 80%였다. 당오전 100관문의 소재 원가는 52.20달러였으며, 액면가치는 40달러였다(2엔=10냥=1,000문(1관)=0.4달러, 20할 기준). 이를 적용하면 당오전의 주전 이익은 −30.5%였다. 결국 1883년 당오전 수선으로 손해를 보았으며 주전 이익을 얻기 위해서 지속적으로 당오전의 무게와 동 순도를 낮추었다. 1890년 당오전의 무게는 1매당 1.88전, 동 순도는 56%로 줄어들었으며, 주전 차익은 1.8%였다. 1891년 동전 무게가 줄어든 평양전의 경우 1매당 무게는 0.89전, 동의 순도는 56%였으며 평양전 100관문의 소재 원가는 17.0달러, 액면가치는 40달러였다. 따라서 평양전의 주전 이익률은 57.5%였다. 당오전과 평양전의 주전 이익률은 『통상휘찬』을 참고로 필자가 직접 계산한 값이다.

74 유현재(2014), 원유한(1967) 참조.

[표 9-4] 조선과 외국의 동전 주전 비용 비교

국가	주화 종류	기간	재료비	공임 비용 (A)	주전 차익 (B)	주전 총 비용 (A+B)
조선	상평통보 (동전)	1735년	62.5%	공임 20~30%, 태가 10~36%	8~18%	28~38% (태가 제외)
		1750년	62.5%			
	당오전 (동전)	1883년	130%	공임 20~30% 태가 10~36%	-50~-60%	30~66%
	평양전 (동전)	1891년	42.5%	공임 20~30% 태가 10~36%	28~38%	58% (태가 제외)
중국	동전	17세기	61~69%	공임 9~20%	9.8~12.3%	18.8~32.3%
			61~69%			
스페인	은화, 금화	1583~1643년				1.8~3.7%
	동전	1583~1643년		9~25%	40.9~73.0%	40.4~83.7%
영국	은화	1583~1643년				0.8~3.4%
프랑스	은화	1583~1643년		2.4~25%	5.3~47.5%	7.4~43.8%

*『영조실록』(1735, 1750), Sussman(1993), Motomura(1994)의 자료를 참조하여 필자가 작성하였다.

계산해도 10~36%에 달해서 실제 조선의 동전 주전 이익률은 0%에 가까웠을 것으로 추정된다.

[표 9-4]는 1678~1798년 조선의 동전 주전 비용을 직접 추정한 것이다. 동전의 운반태가는 동전을 운송하는 거리와 지역에 따라 다르고, 동전을 수령하는 측에서 부담할 수 있어서 정부의 주전 비용에서 제외하였다. 1678~1798년 주전 비용에 대한 기록은 거의 없고, 1735년 『영조실록』에 공임이 전체 주전 비용 가운데 20~30%

를 차지한다고 기록되어 있다. 1750년 『영조실록』에서 동전 재료비는 전체 비용에서 62.5%였는데, 이는 동전 50냥을 주고 동 100근을 구입한 다음 이를 이용하여 동전 80냥을 주전하였다는 기록을 통해 알 수 있다.

『영조실록』에 기록된 공임(20~30%)과 재료비(62.5%)를 동전의 액면가치에서 빼 주면 국가의 주전 이익(seigniorage)은 8~18%이다. 이는 기존 연구에서 제시한 주전 이익(20~30%)보다 훨씬 낮다. 주전된 동전을 목적지로 운반하는 비용인 태가는 동전의 무게와 거리에 비례하는데, 상평통보의 태가는 동전 1매의 무게는 5.4g, 1관의 무게는 5.4kg이었다. 따라서 사람이 운반할 수 있는 최대 무게는 상평통보 10관이고, 우마의 경우 상평통보 20관이었다. 100리당 10관(100냥)을 운반하는 태가는 5냥으로서, 동전의 평균 태가는 100냥당 10~36냥으로서 10~36%에 달한다.[75]

결국, 상평통보의 주전 비용은 태가(10~36%)를 제외하더라도 공임(20~30%)과 주전 이익(8-18%)을 합하면 최소 28%로 높은 편이었다. 중국은 조선과 같이 동전 주전에 사용되는 동의 일부를 일본으로부터 수입해서 북경과 남경에서 동전을 주전하였는데 동의 재료비는 61~69%였으며, 총 주전 비용은 공임(9~20%)과 순 주전 이

75 경기도의 태가는 2냥6전2분, 경상도는 11냥1전6분, 함경도는 36냥6전으로 거리에 따라 달랐다. 당오전의 태가는 1매당 1.25전이고 당오전 1매당 무게는 약 4.5g, 1관의 무게는 4.5kg이었다. 사람이 운반할 수 있는 최대 무게는 당오전 12~15관이고, 우마의 경우 당오전 25~30관이었다.

익(9.8~12.3%)을 합한 값으로서 18.8~32.3%였다. 중국의 주전 비용이 조선보다 낮은 이유는 동의 일부를 자체적으로 생산하는 동광이 있고 공임이 낮았기 때문이다. 13~16세기 유럽 금화와 은화의 주전 비용은 스페인의 경우 1.8~3.7%, 영국은 0.8~3.4%였으며, 프랑스가 1.9~10.1%로 조금 높았는데, 유럽 평균 총 주전 비용은 은화 7.5%, 금화 2%였다. 하지만 스페인 일부 지역에서 금화와 은화 이외에 동전도 주전하였는데 동전을 국가가 독점적으로 주전했기 때문에 주전 비용이 상대적으로 높았다. 스페인의 동전 주전에 들어가는 공임은 9~25%로 조선과 유사하지만, 주전 이익이 40.9~73%에 달할 정도로 크게 나타났다.[76]

1678년 처음 상평통보를 발행할 때 규정된 속대전 국폐조에 따라 동전 1냥의 무게는 250전으로 규정하였다. [표 9-5]는 1678~1865년 동전의 양목 무게, 동의 순도 및 동전 품위 저하로 인한 무게 감소율(%)을 나타낸다. 동전의 품위 저하율은 단순히 동전의 무게 감소율보다는 동전에 포함된 동의 순도와 동의 무게 감소율을 고려하였으며 [표 9-5]의 마지막 항목에 나타나 있다. 상평통보 동전 1냥에 해당하는 동전의 무게는 1678~1704년 250전, 1705~1742년 200전, 1743~1752년 170전, 1753~1780년 134전, 1781~1800년 120전이었다. 동전 1개당 동 함유량은 73%이므로 이를 고려해서 동전 1냥당 동의 무게를 구하면, 1678~1704년 175전, 1705~1742

76 Motomura(1994) 참조.

[표 9-5] 1678~1865년 상평통보의 품위 저하

연도	상평통보 1냥의 무게	동전 1개당 함유된 동의 비율	동전 1개당 함유된 동의 무게	동 함유량으로 측정한 품위 저하율(%)
1678~1704	250전	동 73% 주석 13% 아연 13.5%	175전	--
1705~1742	200전		140전	20.0%
1743~1752	170전		119전	15.0%
1753~1780	134전		93전	21.8%
1781~1800	120전		84전	9.6%
1801~1865	100~160전	동 72.5% 아연 27% 주철 등 0.5%	80전	4.7%

*자료: 『만기요람』, 『통상휘찬』
**상평통보 1냥=10전=100문, 동 1전의 무게= 3.75g

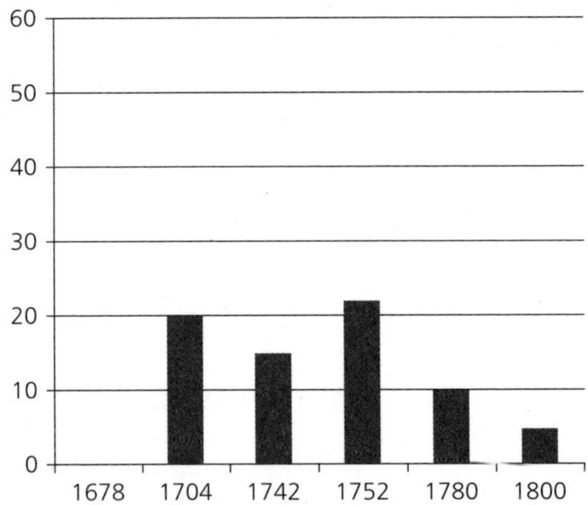

〈그림 9-4〉 1678~1865년 품위저하가 발생한 동전에 함유된 동의 무게 감소율(단위: %)
*조선왕조실록, 『만기요람』, 『통상휘찬』의 자료를 사용해서 필자가 작성하였다.

년 140전, 1801~1865년 80전으로 낮아졌다.

동전의 품위 저하로 인한 무게 감소율은 동전 1냥에 포함된 동 무게를 기준으로 1704년 20%, 1742년 15%, 1752년 21.8%, 1780년 9.6%, 1800년 4.7%였다. 〈그림 9-4〉는 1678~1865년 조선에서 품위 저하가 발생한 동전에 함유된 동의 무게 감소율을 나타내고 있다. 조선왕조실록의 기록에, 1766년 황윤석이 동전 크기가 점점 작아져 구전 1냥으로 신전 1냥 3전을 만드니 동전 크기는 생각하지 않는다고 지적한 내용이 나오는데, 이를 통해 조선에서의 동전 품위 저하 실태를 알 수 있다.

초기 화폐 도입 시기인 1678~1798년 조선에서 동전의 무게와 질을 낮추는 품위 저하는 유럽과 다르게 화폐량을 증가시키지 못했으며, 전황 현상을 지속시켰다. 이 같은 결과는 동전의 유통 확대 정책과 더불어, 주전 비용이 크고 동전 사용과 상행위를 천시하는 유교적 정치철학 등으로 인한 조선 정부의 소극적인 동전 주전 정책 때문이었다.

광무
화폐

제10장

오얏꽃 문양 동전

광무 화폐 | 제10장

오얏꽃 문양 동전

이 책에서 필자는 개항 이후 조선이 멸망하는 1865~1910년 동안 광무 화폐개혁과 조선과 일본의 화폐전쟁을 설명하였고, 이들 화폐전쟁이 근대조선의 침탈과 식민지배에 미치는 효과를 화폐적 측면에서 정리해 보았다. 1897년 고종이 조선을 대한제국으로 선포하면서 유럽 제국의 왕실 문양을 본따서 오얏꽃 문양을 제정한 것으로 보인다. 오얏꽃 문양은 백동화를 포함하여 대한제국의 모든 동전에 각인되어서 주전되었다. 조선 동전은 국화꽃 문양을 가진 일본 동전과 구별되었다. 19세기 말 근대조선의 화폐전쟁은 17~18세기와 달리 조선이 물물교환경제에서 화폐경제로 편입되었음을 의미한다. 또한, 금 본위제도 도입으로 근대조선이 세계 시장경제 체제에 편입되었으며, 처음으로 본원적 자본이 형성되었음을 뜻하기도 한다. 개항 이후 화폐개혁과 일본과의 화폐전쟁이 발생했던 대한제국 시기는 조선이 금융경제와 시장경제로 편입되어 가는 과정이었다.

화폐전쟁은 무역을 하고 있는 두 국가 간에 상대적으로 자국 화폐를 양적으로 많이 발행한 국가에게 유리하게 경제적 효과가 나타나는 현상이다. 화폐의 양적 확대는 국내 시장에서 화폐 유동성이 증가하면서 금리가 하락하고, 실질잔고가 증가하면서 소비와 투자가 활성화되는 대내적 경제성장 효과가 나타난다. 또한 화폐량 증가로 화폐 가치가 하락하여, 상대 국가와의 무역수지가 개선되는 효과가 있다. 19세기 말 조선과 일본의 화폐전쟁은 조선 화폐 남발과 일본 화폐의 양적 확대를 나타내며, 최근 국제금융시장에서 선진국에 의해 주도되는 화폐전쟁과 그 효과가 유사하다. 19세기 말 조선과 일본의 화폐전쟁에서 특이한 점은 일본이 자국이 아닌 조선에서 일본 화폐를 법적으로 통용하고 양적으로 확대시켜서, 대내외 화폐 효과가 자국이 아닌 조선에서 나타났다는 점이다. 대내적으로 일본 화폐의 유통 증가로 조선에서 일본 화폐에 대한 수요가 증가하고 조선의 상거래에 대한 일본 화폐의 사용과 침투가 심화되는 일본 화폐의 자본화 현상이 나타났다. 대외적으로는 일본 화폐의 양적 확대로 일본 화폐의 가치가 상승하고 한전비가가 하락하였으며, 대일 무역수지 적자가 초래되었고 조선으로부터 많은 금이 유출되었다. 1897년 일본은 은 본위제도에서 금 본위제도로 화폐 제도를 변경하면서 그에 필요한 많은 금을 조선으로부터 수탈하였는데, 이는 일본의 본원적 자본 축적에 기여하였다. 이 시기 일본 상인은 일본과 조선 화폐의 환율 변동(한전비가)을 이용하여 유통과 무역에서 막대한 초과이익을 얻게 되었다. 이러한 일본 상인의 무역과 유통 초과이익은 일본인의 조선 토지 소유 증가로 나타났다. 결국, 조선과 일본의 화폐전쟁은 한전비가 하락과 일본 화폐의 법정화를 가져왔으며, 잃어버린 화폐전쟁으로 조선은 정치적 식민지배 이전에 화폐적으로 일본의 식민지가 되어 갔다.

일본 주도 화폐개혁은 근대조선에서 1865~1904년 극심한 인플레이션과 1905~1910년 디플레이션을 순환적으로 가져왔다. 이러한 급격한 물가 변동은 조선인들의 실질자산을 일본 화폐를 가진 일본 상인에게 유리하게 재분배하였다. 지금까지 대한제국 시기 화폐개혁에 대한 학계의 인식은 식민사적 측면과 제도사적 측면에서 설명되고 있다. 식민사적 측면은 일본의 조선 식민지 은행 활동, 조세와 재정의 운영 개입을 통해 식민지 조선을 시장경제 체제로 편입시키는 과정으로 설명하고 있다. 제도사적 측면은 식민지 화폐개혁, 화폐 제도의 도입과 폐지, 조선의 화폐 발행과 유통 등 화폐제도의 근대화 과정을 강조하고 있다. 하지만 일본 주도 화폐침략은 사실 조선의 제도적·정치적 근대화보다는 일본 제국의 국가자본 축적이라는 경제적 목적을 가지고 있었다. 그러나 지금까지 아무도 제국자본의 축적과 확장이라는 문제에 의문을 제기하지 않았다. 즉, 근대조선에서 일본 주도의 화폐개혁은 학계의 판단과 다르게 일본의 국가자본 축적과 화폐를 통한 화폐침탈 과정이었다. 대한제국의 광무개혁은 제도적·정치적 개혁에 초점을 맞춘 것이 아니라, 일본의 조선 화폐침탈을 저지하려는 화폐적 저항이었다. 금 본위제도와 중앙은행 도입 등 자주적 화폐 제도를 도입하고, 그에 필요한 재원을 마련하기 위해 재정의 효율성을 기하고 국부 자원으로서 금의 유출을 억제하려는 것이었다. 광무개혁의 화폐 정책은 식민지 시장 지배를 시도했던 일본 주도의 화폐 정책을 거부하고 조선의 자주적 화폐시장을 지키려는 노력이었다.

근대조선의 화폐개혁은 모두 일곱 차례로서 짧은 기간에 빈번하게 이루어졌다. 그 가운데 일본이 주도한 화폐개혁은 조선 화폐 남발과 일본 화폐 유통이라는 화폐전쟁 측면에서 바라보아야 한다. 일본 주도 화폐전쟁은 시장 발전이 느린 조선을 화폐적으로 치밀하게 침탈하고 화폐적으로 지배했던 전쟁으로, 조선 사람들은 그에 대해 아무런 인식도 저항도 하지 못한 채 일본에 지배되었다. 일본의 화폐침략은 일본 화폐 유통 확대와 화폐 발행권 침탈, 제일은행과 금융 기구를 이용한 금융 수탈, 조선의 화폐가치(한전비가) 하락을 통한 미곡과 금 수탈, 조선의 인플레이션을 통한 실질적인 국부 침탈 등을 가져왔다. 조선 화폐가 남발되고, 일본 화폐의 유통이 확대되면서 인플레이션이 나타나는데, 인플레이션은 화폐를 보유한 사람들의 실질적인 부를 침탈하는 경제 메커니즘을 가지고 있다. 기존 학계가 광무개혁의 화폐적 본질을 보지 못한 것은 식민사관의 프레임과 함께, 광무개혁의 화폐적 특성을 살펴볼 수 있는 구체적 화폐 사료가 없었기 때문이다.

개항 이후 근대조선에서는 일본 화폐 등 외국 화폐가 범람하였고 당오전, 평양전과 백동화가 남발되었으며 조선 화폐의 사주와 밀주, 위조가 성행하였다. 하지만 화폐의 발행과 유통에 대한 관리 체계 부재로 인해 실제로 화폐가 얼마나 유통되었는지에 대한 정확한 자료를 구할 수 없다. 이 책은 개항 이후 국제 금 본위제도가 도입되는 시기인 1865~1910년에 국제 금의 이동과 일본 화폐량을 바탕으로 근대조선의 총 화폐량을 체계적으로 추정하였다. 이를 위해서 필자는 먼저, 근대조선에서 발행된 상평통보, 당백전, 당오전, 평양전, 백동화 등 한전 주전량을 추정하고, 둘째, 국제 금, 은, 동의 시세 변동에 따라 근대조선의 금 이동량, 엽전 수출량과 일본 화폐 유입량을 체계적으로 추정하였다. 셋째, 한전과 일본 화폐량, 지금(地金) 이동을 모두 합하여 근대조선의 총 화폐량을 추정하였다. 이 책은 19세기 말 국제 금 본위제도의 시각에서 근대조선의 화폐량을 체계적으로 정리해 보고, 이를 통해 화폐 자료 부족으로 연구가 미진했던 조선과 일본의 화폐전쟁을 최초로 정리하였다. 특히, 대한제국이 추진한 금 본위제도 도입과 중앙은행 설립은 일제의 화폐침략 전쟁에 맞서서 독립적으로 화폐를 발행하고, 일본으로의 금 유출을 막으려 했던 화폐저항 운동이었다.

일본은 제국주의를 확대하고 금 본위제도를 유지하기 위해서 국부의 원천으로서 금의 확보가 필수적이었다. 1904년 일본의 금 수입액 가운데 조선 금의 비중은 41%였다. 일본은 금 분석소 설치, 광산 개발 등 국가 정책적으로 조선의 금 수탈에 총력을 기울였으며, 한전 비가의 하락과 별도로 여러 방법으로 금을 국제 시세보다 싸게 구입하는 금 가격 수탈을 시도하였다. 일본의 금화 발행량 대부분이 조선의 대일본 금 수출량과 거의 일치한다. 결국 광무연간 화폐 정책은 일본의 제국 자본주의가 확장되는 시기에 자주 독립국가로서 금의 유출을 막고 자주적으로 국부를 창출하려는 노력의 일환이었다.

또한 이 책은 1865~1910년 일본 주도 화폐개혁으로 근대조선이 화폐적으로 침략당하는 과정을 자세히 살펴보았다. 일본의 화폐적 침탈은 한전비가 하락과 물가 상승으로 인해 일본 상인이 조선의 미곡과 금 무역에서 수탈적 초과이윤을 얻은 것을 말한다. 이러한 작업은 19세기 말 일본의 조선 식민화 과정을 화폐적 관점으로 바라본다는 점에서 학계에 새로운 접근 방법을 제시하고 있다. 더욱이 일본의 화폐전쟁에서 한전비가는 물가 상승폭보다 3~4배 이상 의도적으로 낮추어졌다. 그 결과 일본의 대조선 미곡 무역은 초과이윤이 52%, 금 무역은 초과이윤이 19~25%에 달할 정도로 수탈적이었다.

서구 제국주의의 식민지배 과정은 산업화에 따른 경제적 동기로 인해 국가의 정치 경제적 지배력을 분출하여, 다른 국가에 영향을 미치려는 정책이나 시도이다. 따라서 유럽 제국주의 국가들은 거의 산업혁명을 거치며, 대량 생산된 제품의 판매 시장이나 원재료 공급 기지로서 식민지를 개척하였다. 하지만 일본의 경우 산업혁명 과정을 거치지 않았고 메이지 유신으로 인한 사회적 불만을 분출하고 제국을 발전시킬 목적으로 식민지 개척을 시작하였다. 따라서 일본의 대조선 식민지배는 대량 생산품의 시장 확보 측면보다는 사국 경제성장 과정에서 부족한 미곡과 금의 원료 공급 기지로서 제국자본의 축적과 화폐적 침략이 더 큰 원인이었다. 조선 식민지 침략으로 인한 일본 제국주의 확장은 일본의 상업 확장으로 이어지면서 일본의 급격한 경제성장을 가져왔다. 일본 제국주의는 국가 차원의 본원적 자본을 축적하는 시스템이었다. 국가자본의 본원적 축적은 자국 또는 식민지에 획일적인 경제 제도와 화폐개혁을 강요하였다.

마지막으로, 광무개혁의 정책 가운데 화폐 정책 이외에 중요한 정책은 토지조사사업이었다. 토지조사사업은 크게 두 단계로 실시되었는데, 1단계는 1898년 전담 부서인 양지아문을 설립하여 전국의 토지를 측량하였으며, 2단계는 1901년 지계아문을 설치하여 양전사업을 지속하는 동시에 토지 소유자에게 지계를 발급하였다. 광무개혁의 호구조사와 토지조사사업은 인구와 토지를 정확하게 파악한 후 근대적 사회 체제로 편입하여 효율적 통제와 관리를 추구하고 근대적 토지 소유 제도를 마련하여 조세를 확충하고, 외국인의 토지 소유를 제한하기 위한 것이었다. 이러한 근대적 토지 소유권 제도의 확립은 토지의 상품화를 촉진하였으며, 곡물의 상품화와 더불어 조선에서 화폐경제 체제를 심화시켰다. 광무개혁은 조선 내재적 자본의 축적과 재정 적자를 충당하고, 일본 제국 자본주의 확장에 대항하는 개혁정책이었다. 하지만 광무개혁은 불과 10년 만에 재정 부족과 일본의 방해로 실패로 끝나고 말았다.

광무개혁의 주요 사업에 대한 평가는 서로 상충되었으며, 특히 조선의 근대화에 기여했는지에 대한 논쟁이 진행 중이다. 김용섭(1968, 1975)은 봉건적 부세 제도의 모순을 개혁하기 위해서 토지조사사업이 시행되었지만, 봉건 토지 소유제를 그대로 유지하면서 근대적 토지 소유 제도를 추인하는 형식이었기에 봉건적 소유권의 근본적 변화가 없는 지주층 위주의 개혁이었다고 주장하였다. 신용하(1976)는 광무개혁의 토지조사사업은 토지개혁이 아니라 단순한 증세 정책에 불과했다고 평가하였으며, 김홍식 등(1990)은 조선이 사적 소유 제도가 발달하였지만 그에 상응하는 국가의 토지 소유권 보호 장치가 없었기 때문에 봉건적 토지 소유 제도를 근대적 소유권 제도에 맞추어서 재편한 것이며, 국가 수취 제도의 변화를 가져온 것으로 평가하였다. 한국역사연구회(2010)는 광무개혁이 법적으로 근대적 소유권을 확립하고 자주적 자본주의 체제를 도입하는 개혁정책이었지만 실제 조선의 개혁을 이끄는 내재적 기반과 재정이 부족하여 결국 실패한 정책이라고 평가하였다.[77]

이 책은 일본 제국주의 확장에 맞서는 광무개혁의 화폐적 저항 노력을 강조하였지만, 보다 정확한 광무개혁의 의미를 미래 연구자들의 몫으로 남겨 놓았다. 특히, 대한제국의 성립과 흥망이 너무 짧은 시간에 이루어졌는데, 제국의 흥망 원인을 모두 이 책에서 다루지는 못하였다. 그에 대한 깊은 고민과 역사적 반성이 필요하다.

---

77 한국역사연구회 편(2010) 참조.

부록 표

[부록 표 1] 1905~1910년 백동화 환수 방법과 금액

연도	총량(매)	액면 금액(원)	교환(매)	납세(매)	매수(매)	탁지부 전장(매)
1905	201,387,090	10,069,354	157,337,523	6,663,345	14,320,259	23,065,963
1906	65,085,396	3,254,269	11,208,491	49,459,246	4,417,659	
1907	28,910,117	1,445,506	651,756	448,662	27,769,699	
1908	59,882,884	2,994,144	89,010		59,793,874	
1909	25,786,467	1,289,323			25,786,467	
합계	381,051,954	19,052,597	169,286,780	56,611,253	132,087,958	23,065,963

[부록 표 2] 1905~1910년 엽전 환수 방법과 금액(단위: 원=천 리)

연도	환수 매수 (매)	환수 금액 (원)	납세 매수 (매)	납세 금액 (원)	매입 매수 (매)	매입 금액 (원)	수출 금액 (원)	환수+수출 금액 (원)
1905	1,627,236	1,607	1,627,236	1,607			91,789 (98%)	93,396
1906	21,294,427	21,294	21,246,635	21,246	47,792	47	549,153 (96%)	570,447
1907	89,095,147	172,936	2,368,811	2,368	86,726,336	170,567	962,932 (85%)	1,135,868
1908	151,122,524	302,235			151,122,524	302,235		305,235
1909	942,818,244	1,885,636			942,818,244	1,885,636		1,885,636
합계	1,205,957,578	2,383,709	25,242,682	25,222	1,180,714,896	2,358,487	1,603,874 (40%)	3,987,583

[부록 표 3] 백동화 환수 종류(단위: 매)

연도	갑종	을종	합계
1905	155,602,455	1,735,068(1.1%)	157,337,523
1906	11,148,651	59,840(0.5%)	11,208,491
1907	649,360	2,396(0.4%)	651,756
1908	88,503	507(0.57%)	89,010
1909			
합계	167,488,969	1,797,811(1.06%)	169,286,780

[부록 표 4] 1904~1910년 화폐정리사업 이후 제일은행권 발행고(단위: 엔, 원)

	제일은행권 발행 총액	10엔	5엔	1엔	50전	20전	10전
1902	703,358	173,900	351,915	99,735			
1903	870,126	334,280	418,655	117,191			
1904	3,378,776	1,554,408	1,389,189	286,604	70,680	41,183	36,712
1905	8,125,266	4,326,680	2,119,820	810,801	463,003	184,563	220,399
1906	9,224,400	4,795,000	2,142,500	1,829,500	179,250	114,900	163,250
1907	12,805,250	5,525,000	3,857,500	3,368,500	17,950	14,800	21,500
1908	10,385,900	4,338,900	2,646,800	3,383,800	4,300	4,600	7,500
1909	13,439,700	5,592,000	3,015,500	4,819,600	3,070	3,490	6,040
1910	20,164,300	8,461,000	3,986,500	7,704,500	3,000	3,400	5,900

[부록 표 5] 1905~1910년 신통화의 종류별 화폐량(단위: 엔, 원)

연도	신통화 발행액								제일은행권 발행액(엔)	총 화폐량(엔)(제일은행권+신통화)
	금화	은화			백동화	청동화		합계	합계	총 합계
		반환(50전)	20전	10전	5전	1전	반전			
1905		150,700	98,720		118,260			367,680	8,125,266	8,492,946
1906	95,500	713,058	304,310	54,000	952,601	15,725	2,350	2,137,544	9,224,400	11,361,944
1907	95,500	998,000	876,000	416,000	1,510,500	134,725	69,450	4,100,175	12,805,250	16,905,425
1908	950,000	758,500	846,000	427,000	981,250	133,725	62,050	4,158,525	10,385,900	14,544,425
1909	145,000	843,500	1,223,000	981,000	760,550	224,960	72,400	4,250,410	13,439,700	17,690,110

[부록 표 6] 근대조선의 대일본 무역 규모(단위: 천 엔)

연도	대일 수입	대일 수출 (상품)	대일 수출 (금)	대일 무역수지 (상품)	대일 무역수지 (금 포함)	대일 무역 규모
1873	52.4	59.7		7.3	7.3	112.0
1874	55.9	57.5		1.6	1.6	113.5
1875	59.8	68.9		9.1	9.1	128.7
1876	188.2	92.4		-95.9	-95.9	280.6
1877	126.6	58.8	37.5	-67.8	-30.3	222.8
1878	244.5	181.5	23.8	-63.1	-39.3	449.8
1879	567.0	612.2	64.9	45.2	110.1	1,244.0
1880	978.0	1,256.2	122.4	278.2	400.7	2,356.7
1881	1,874.0	2,230.3	510.6	356.3	866.9	4,614.9
1882	1,562.2	1,768.6		206.5	206.5	3,330.8
1883	2,178.4	1,656.1		-522.3	-522.3	3,834.5
1884	793.7	884.1		90.3	90.3	1,677.8
1885	1,671.7	388.0	599.0	-1,283.6	-684.6	2,658.7
1886	2,474.2	504.2	911.0	-1,970.0	-1,059.0	3,889.4
1887	2,815.4	805.0	1,177.0	-2,010.4	-833.4	4,797.4
1888	3,046.4	867.1	1,025.0	-2,179.4	-1,154.4	4,938.5
1889	3,377.8	1,233.8	608.0	-2,144.0	-1,536.0	5,219.7
1890	4,727.8	3,550.5	275.0	-1,177.4	-902.4	8,553.3
1891	5,256.5	3,366.3	273.0	-1,890.1	-1,617.1	8,895.8
1892	4,598.5	2,443.7	366.0	-2,154.7	-1,788.7	7,408.2
1893	3,880.2	1,698.1	425.0	-2,182.0	-1,757.0	6,003.3
1894	5,831.6	2,311.2	638.0	-3,520.3	-2,882.3	8,780.8
1895	5,838.0	2,366.0	952.0	-3,472.0	-2,520.0	9,156.0
1896	4,294.0	4,396.0	802.0	102.0	904.0	9,492.0
1897	6,432.0	8,090.0	947.0	1,658.0	2,605.0	15,469.0
1898	6,777.0	4,522.0	1,192.0	-2,255.0	-1,063.0	12,491.0
1899	6,658.0	4,205.0	2,049.0	-2,453.0	-404.0	12,912.0
1900	8,241.0	7,232.0	3,065.0	-1,009.0	2,056.0	18,538.0
1901	9,051.0	7,402.0	4,857.0	-1,649.0	3,208.0	21,310.0
1902	8,689.0	6,549.0	5,004.0	-2,140.0	2,864.0	20,242.0
1903	11,554.0	7,599.0	5,456.0	-3,955.0	1,501.0	24,609.0
1904	19,007.0	5,697.0	4,999.0	-13,310.0	-8,311.0	29,703.0
1905	23,561.0	5,389.0	5,205.0	-18,172.0	-12,967.0	34,155.0
1906	23,291.0	6,602.0	4,601.0	-16,689.0	-12,088.0	34,494.0
1907	34,387.0	14,473.0	4,468.0	-19,914.0	-15,446.0	53,328.0
1908	34,025.0	12,613.0	4,771.0	-21,412.0	-16,641.0	51,409.0
1909	29,648.0	13,849.0	6,112.0	-15,799.0	-9,687.0	49,609.0

[부록 표 7] 1678~1910년 조선의 총 화폐량

1678~1866년 조선 후기 화폐량

연도	화폐 주조량 (천 냥)	총 화폐량 (천 냥)
1678~1681	상평통보 50	50
1684	0	50
1686	20	70
1690	18	88
1695	550	638
1729	700	1,338
1731	350	1,688
1732	280	1,968
1742	500	2,468
1750	164	2,632
1751	607	3,239
1765	330	3,559
1772	100	3,669
1774	640	4,309
1775	500	4,809
1785	670	5,479
1791	60	5,539
1793	60	5,599
1794	60	5,659
1797	100	5,759
1798	100	5,859
1807	300	6,159
1814	326	6,485
1825	367	6,852
1830	933	7,785
1832	784	8,569
1840	200	8,769
1855	1,571	10,340
1857	916	11,256
1866	16,000	27,256

1866~1910년 근대조선 화폐량

연도	화폐 주조량 (천 냥)	총 화폐량 (천 냥)
1866	당백전 16,000	27,256
1867	당백전 철폐	11,756
1868		11,756
1869		11,756
1870		11,756
1871		11,756
1872		11,756
1873		11,756
1874	상평통보 10,000 (추정)	11,756
1875		11,923
1876		12,590
1877		13,303.9
1878		13,953.8
1879		14,672.1
1880		15,411.1
1881		16,563.2
1882		16,592
1883	당오전 연 9,625(추정)	17,259
1884		27,551
1885		38,591.8
1886		49,547.5
1887		62,662
1888		72,935.3
1889		82,738.5
1890	평양전	92,739.3

연도	화폐 주조량 (천 냥)	총 화폐량 (천 냥)	총 화폐량 (천 원, 1원=5냥)
1891	상평통보 20,000 당오전 77,000 (추정)	102,956.3	
1892	백동화 1,173.7	104,933.7	20,986.7
1893	-	105,616.2	21,123.2
1894	178	104,494.2	20,898.8
1895	1,707.8	107,679.5	21,535.9
1896	1,595	110,212	22,042.4
1897	228.7	111,955.7	22,391.1
1898	3,165.4	113,492.4	22,698.5
1899	6,894.2	118,599.1	23,719.8
1900	10,152.3	131,906.4	26,381.3
1901	15,417.9	152,504.2	30,500.8
1902	18,467.7	174,382.4	34,876.5
1903	18,509.7	194,231	38,846.2
1904	17,313.2	119,620.3	23,924.1
1905	한전 환수 신통화 발행	119,831.9	23,966.4
1906		120,633.9	24,126.8
1907		139,172.2	27,834.4
1908		111,719.9	22,344
1909		129,975.4	25,995.1
1910			

*총 화폐량은 누적 화폐 주조량이다.

참고문헌

역사 자료

『朝鮮王朝實錄』, 『高宗純宗實錄』, 『承政院日記』, 『備邊司謄錄』, 『日省錄』, 『慶北地方古文書集成』, 『勝聰明錄』, 『淸臺先生日錄』, 『古文書集成 3: 海南尹氏篇』, 『世宗實錄地理志』, 『磻溪隨錄』, 『星湖僿說』, 『經國大典』, 『續大典』, 『增補文獻備考』, 『萬機要覽』, 『居官大要』, 『四政考』, 『頤齋亂藁』, 『經濟野言』, 『潛谷遺稿』, 『龍湖問錄』, 『牧民心書』, 『龍湖問錄』, 『秋官志』, 『各司謄錄』, 『釜山港關草』, 『元山港關草』, 『仁川港關草』, 『三港口關草』, 『公文編案』, 『光緒11년~19년 朝鮮通商三關貿易冊』, 『釜山港監理署日錄』, 『海隱日錄』, 『舊韓國外交文書』, 『舊韓末條約彙纂』(上·中·下), 『通商報告』, 『通商彙纂』, 『通商彙編』, 『中國海關報告』, 『日韓通商協會報告』, 『駐韓日本公使館記錄』, 『日本外交文書』, 『大阪外國貿易調』, 『韓國土地農産調査報告書』, 『明治前期經濟史料集成』, 『韓國貨幣整理報告書』, 『皇城新聞』, 『明治官報』, 『尹致昊日記』, 『沈遠權日記』, 『韓國誌』, 『독립신문』, LME London Fix gold data, KITCO.com, Bank of Japan Historical Archives

단행본

강덕상, 「이씨조선 개항직후에 있어서 조·일무역의 전개」, 『갑신갑오기의 근대변혁과 민족운동』, 청아출판사, 1983.

강만길, 『조선시대상공업사연구』, 한길사, 1984.

고동환, 『조선후기 서울 상업발달사 연구』, 지식산업사, 1998.

구양근, 『갑오농민전쟁원인론』, 아세아문화사, 1993.

권인혁, 『조선시대 화폐유통과 사회경제』, 경인문화사, 2011.

김경태, 『한국근대경제사연구』, 창작과비평사, 1994.

김용섭, 『조선후기농업사연구』 I, 일조각, 1970.

김용섭, 『한국근대농업사연구』 上·下, 일조각, 1975.

김용섭, 『증보판 한국근대농업사연구』 上·下, 일조각, 1988.

김준보, 『한국자본주의사연구』 Ⅲ, 일조각, 1977.

김홍식 외, 『대한제국기의 토지제도』, 민음사, 1990.

馬淵貞利 등, 『갑신갑오기의 근대변혁과 민족운동』, 청아출판사, 1983.

박평식, 『조선전기상업사연구』, 지식산업사, 1999.

안병태, 『朝鮮近代經濟史硏究』, 日本評論社, 1975.

오두환, 『韓國近代貨幣史』, 한국연구원, 1991.

원유한, 『朝鮮後期 貨幣史硏究』, 한국연구원, 1975.

원유한, 『조선후기 화폐사』, 혜안, 2008.

이경식, 『朝鮮前期土地制度硏究』, 일조각, 1986.

이호철, 『朝鮮前期商業經濟史』, 한길사, 1986.
이석륜, 『우리나라 화폐금융사』, 박영사, 1994.
이정수·김희호, 『조선의 화폐와 화폐량』, 경북대학교출판부, 2006.
이태진, 『한국사회사연구』, 지식산업사, 1986.
이헌창, 「금속화폐 시대의 돈」, 『화폐와 경제 활동의 이중주』(국사편찬위원회 편), 두산동아, 2006.
조경달 지음, 최덕수 옮김, 『근대 조선과 일본』, 열린책들, 2015.
최호진, 『韓國貨幣小史』, 서문당, 1974.
최태호, 『개항전기의 한국관세제도』, 한국연구원, 1976.
하원호, 『한국근대경제사연구』, 신서원, 1997.
하원호, 『개항 이후 일제의 침략』, 한국독립운동사편찬위원회, 2009.
전석담·최윤규·이기수·김한주, 『조선근대 사회경제사』, 자작아카데미, 1989.
한우근, 『한국개항기의 상업연구』, 일조각, 1970.
柳子厚, 『朝鮮貨幣考』, 학예사, 1940.
국사편찬위원회 편, 『화폐와 경제 활동의 이중주』, 두산동아, 2006.
한국역사연구회 편, 『1894년 농민전쟁연구 1: 사회경제적 배경』, 역사비평사, 1991.
한국역사연구회 편, 『대한제국의 토지제도와 근대』, 혜안, 2010.
李熒娘, 『植民地朝鮮の米と日本: 米穀検査制度の展開過程』, 中央大學校出版部, 2015.
梶村秀樹 외, 『韓國近代經濟史硏究』, 사계절, 1983.
梅村又次 외, 『日本經濟の發展: 近世から近代へ』, 日本經濟新聞社, 1976.
梶村秀樹, 『朝鮮における資本主義の形成と展開』, 龍溪書舍, 1977.
高嶋雅明, 『朝鮮における植民地金融史の研究』, 大原新生社, 1978.
波形昭一, 『日本植民地金融政策史の研究』, 早稲田大學出版部, 1985.
新保傳·安場保吉編, 『近代移行期の日本經濟: 幕末から明治へ』, 日本經濟新聞社, 1979.
羽鳥敬彦, 『朝鮮における植民地幣制の形成』, 未來社, 1986.
小葉田淳, 『金銀貿易史の研究』, 法政大出版局, 1969.
小葉田淳, 『貨幣と鑛山』, 思文閣出版, 1999.
田代和生, 『近世日朝通交貿易史の研究』, 創文社, 1981.

논문

권태환·신용하, 「조선왕조시대 인구추정에 대한 一試論」, 『동아문화』 14, 서울대학교 동아문화연구소, 1977.
고승제, 「이조말기 화폐위기의 분석」, 『서울대논문집』 2(인문사회과학 편), 서울대학교, 1955.
김경태, 「대한제국시기의 미곡통상구조」, 『대한제국연구』 4, 이화여대 한국문화연구원, 1986.
김경태, 「갑오이전 방곡령사건과 일본의 부당배상 요구」, 『국사관논총』 53, 국사편찬위원회, 1994.
김기성, 「개항기 미곡 시장과 관리 방식의 변화」, 고려대학교 박사학위논문, 2020.
김기성, 「대한제국기 흉년과 미곡 수급」, 『사학연구』 128, 한국사학회, 2017.
김양식, 「개항기 한말 광산 노동자연구」, 『국사관논총』 77, 국사편찬위원회, 1997.

김용섭, 「光武年間의 量田·地契事業」, 『아세아연구』 31, 고려대 아세아문제연구소, 1968.
김재순, 「러일전쟁 직후 일제의 화폐금융정책과 조선상인층의 대응」, 『한국사연구』 69, 한국사연구회, 1991.
김준보, 「개항기 외래통화와 인프레숀 기구」, 『한국사연구』 7, 한국사연구회, 1972.
김준보, 「한말 화폐정리와 농업공황기구」, 『한국사연구』 13, 한국사연구회, 1976.
김호범, 「조선후기 화폐제도의 개혁과 식민지 화폐금융체제의 확립」, 『부산상대논집』 62, 부산대학교, 1991.
김희호, 「초기 화폐경제시기 조선의 Debasement 퍼즐」, 『금융연구』 31(2), 한국금융학회, 2017.
김희호·이정수, 「물가의 주기적 변동과 화폐의 초과수요: 1689~1821년 한국의 경우」 『금융학회지』, 3(2), 한국금융학회, 1998.
김희호·이정수, 「1865~1910년 국제 금본위제도와 근대조선의 화폐량 추정」, 『역사와 경계』, 부산경남사학회, 2018.
도면회, 「화폐유통구조의 변화와 일본금융기관의 침투」, 『1894년 농민전쟁연구』 I, 한국역사연구회, 1991.
도면회, 「개항기의 신식화폐」, 『화폐와 경제 활동의 이중주』(국사편찬위원회 편), 두산동아, 2006.
박기주, 「재화가격의 추이」, 『수량경제사로 다시 본 조선후기』(이영훈 편), 서울대학교출판부, 2004.
박기주·이우연, 「농촌의 재화가격과 물가의 추이: 1834~1937」, 『맛질의 농민들』(안병직·이영훈 편), 일조각, 2001.
박만규, 「개항이후 금광업실태와 일제침략」, 『한국사론』 10, 서울대 국사학과, 1984.
박영호, 「한말의 화폐정리사업과 토착경제의 식민지적 해체」, 『한국의 사회와 문화』 13, 한국정신문화연구원, 1990.
박찬일, 「한말 금수출과 금광업 덕대경영에 관한 연구」, 성균관대 무역학과 박사학위논문, 1982.
송정숙, 「조선 개항장의 감리서와 기록」, 『한국기록관리학회지』 13(3), 한국기록관리학회, 2013.
신용하, 「한국근대농업사연구 서평」 『한국사연구』 13, 한국사연구회, 1976.
양동휴, 「16~19세기 귀금속의 이동과 동아시아 화폐제도의 변화」, 『경제사학』 54, 경제사학회, 2013.
오두환, 「이조말 화폐정리사업에 관한 일연구」, 『경제논집』 18(2), 서울대경제연구소, 1979.
오두환, 「當五錢硏究」, 『경제사학』 6, 경제사학회, 1983.
오두환, 「갑오재정개혁에 관한 일연구」, 『산업경제연구소 연구논문집』 9(2), 인하대학교, 1995.
원유한, 「當五錢攷」, 『역사학보』 35·36, 역사학회, 1967.
원유한, 「18세기에 있어서의 화폐정책: 동전의 주조사업중심」, 『사학연구』 19, 한국사학회, 1967.
원유한, 「典圜局攷」, 『역사학보』 37, 역사학회, 1968.
왕현종, 「광무양전사업의 다양한 성격과 좁은 시각」, 『역사와 현실』 5, 한국역사연구회, 1991.
왕현종, 「한말(1894~1904) 지세제도의 개혁과 성격」, 『한국사연구』 77, 한국사연구회, 1992.
유승주, 「李朝 開港直後의 鑛業政策 硏究」, 『아세아연구』 55, 고려대 아세아문제연구소, 1976.
유원동, 「한말 일본의 차관공세와 광산접근에 관한 연구」, 『국사관논총』 20, 국사편찬위원회, 1990.
유현재, 「조선 후기 주전정책과 재정활용」, 서울대 사학과 박사학위논문, 2014.
이배용, 「개항후 한국의 광산정책과 광산탐사」, 『이대사원』 10, 이화여대 사학회, 1972.

이병천, 「개항기 외국상인의 침입과 한국상인의 대응」, 서울대 경제학과 박사학위논문, 1986.
이영학, 「광무양전사업 연구의 현황과 과제」, 『역사와 현실』 6, 한국역사연구회, 1991.
이영호, 「대한제국기의 토지제도와 농민층분화의 양상」, 『한국사연구』 69, 한국사연구회, 1990.
이영훈, 「광무양전의 역사적 성격: 충청남도 연기군 광무양안에 관한 사례분석」, 『근대조선의 경제구조』, 비봉출판사, 1989.
이영훈, 「광무양전에 있어서 '時主' 파악의 실상: 충청남도 연기군 광무양안의 사례분석」, 『대한제국기의 토지제도』, 민음사, 1990.
이영훈, 「광무양전에 있어서 '時主' 파악의 실상(2): 경기도·충청남도 광무양안 사례분석」, 『성곡논총』 23, 성곡언론문화재단, 1991.
이영훈·박이택, 「농촌 미곡시장의 전국적 시장통합, 1713~1937」, 『수량경제사로 다시 본 조선후기』, 서울대학교출판부, 2004.
이정수, 「16세기 면포유통의 이중화와 貨幣流通 논의」, 『조선시대사학보』 25, 조선시대사학회, 2003.
이정수, 「16세기 중반~18세기 초의 화폐유통 실태」, 『조선시대사학보』 32, 조선시대사학회, 2005.
이종범, 「1908~09년 일제의 과세지조사에 관한 실증적 검토: 전라남도 구례군 토지면 오미동 사례」, 『역사와 현실』 5, 한국역사연구회, 1991.
이헌창, 「한국 개항장의 상품유통과 시장권」, 『경제사학』 9, 경제사학회, 1985.
이헌창, 「1678~1865년간 화폐량과 화폐가치의 추이」, 『경제사학』 24(1), 경제사학회, 1999.
이헌창, 「숙종~정조(1678~1800년간) 미가의 변동」, 『경제사학』 21, 경제사학회, 1996.
장기돈, 「식민지 조선에서 근대적 금융기관의 생성과 변화에 관한 연구」, 경성대 경제학과 박사학위논문, 1997.
전성호, 「18~19세기 물가 추이(1744~1862)」, 『조선시대사학보』 2, 조선시대사학회, 1997).
정용석, 「1894~1902년간 부산의 미가와 한전비가의 연관성」, 『경제연구』 24(3), 한국경제통상학회, 2006.
조항래, 「한말 일제화폐금융의 침략과 그 실제(2)」, 『역사교육논집』 13·14, 한국역사교육학회, 1990.
최유길, 「이조개항직후의 조일무역의 동향」, 『아세아연구』 15(3), 고려대 아세아문제연구소, 1972.
최태호, 「개항기의 무역구조와 무역물가에 관한 연구」, 『택와 허선도 선생 정년기념 한국사학논총』, 일조각, 1992.
하원호, 「開港後의 穀物變動에 대하여(1876~1894)」, 『碧史李佑成敎授定年退職紀念論叢 民族史의 展開와 그 文化』 下, 창작과비평사, 1990.
하원호, 「開港後 穀價變動研究」, 『국사관논총』 53, 국사편찬위원회, 1994.
홍순권, 「근대 개항기 부산의 무역과 상업」, 『항도부산』 11, 부산직할시 시사편찬위원회, 1994.
宮嶋博史, 「광무양전의 역사적 성격」, 『대한제국기의 토지제도』, 민음사, 1990.
姜德相, 「李氏朝鮮開港直後における朝日貿易の展開」, 『歴史學研究』 265, 1962.
姜德相, 「貨幣整理事業に關する研究ノート」, 『駿台史學』 17, 1965.
姜德相, 「甲午改革における新式貨幣發行章程の研究」, 『朝鮮史研究會論文集』 3, 1967.
吉野誠, 「朝鮮開國後の穀物輸出について」, 『朝鮮史研究會論文集』 12, 1975.

吉野誠, 「개항기의 곡물무역: 인천에서의 방곡령사건을 중심으로」, 『근대조선공업화의 연구』, 일조각, 1993.
淺田喬二, 「日本植民地史の課題と方法」, 『歷史評論』 30, 1975.
村上勝彦, 「植民地金吸收と日本産業革命」, 『經濟學硏究』 16, 동경대학, 1973a.
村上勝彦, 「第一銀行朝鮮支店と植民地金融」, 『土地制度史學』 61, 1973b.
小林英夫, 「日本の金本位制移行と朝鮮」, 『旗田巍先生古稀記念會編 朝鮮歷史論集』 下, 龍溪書舍, 1979.
安達義博, 「朝鮮後期の物價變動」, 『朝鮮學報』 132, 1989.
田代和生, 「對馬藩の朝鮮輸出銅調達: 幕府の銅統制と日鮮銅貿易の衰退」, 『朝鮮學報』 66, 1973.
Bordo, M., J. Lane, and A. Redish, "Good versus Bad Deflation: Lessons from the Gold Standard Era", *National Bureau of Economic Research*, Working Paper No 10329, 2004.
Bordo, M., and A. Redish, "Is Deflation Depressing? Evidence for the Classical Gold Standard", *National Bureau of Economic Research*, Working Paper No 9520, 2003
Jonung, L., "Money and Prices in Sweden 1732~1972", *Scandinavian Journal of Economics*, 78(1), 1976.
Jonung, L., "Knut Wicksell and Gustav Cassel on Secular Movements in Prices", *Journal of Money, Credit, and Banking*, 11(2), 1979.
Laughlin, L., "The Gold Standard in Japan", *Journal of Political Economy*, 5(3), 1897.
Motomura, A., "The Best and Worst of Currencies: Seigniorage and Currency Policy in Spain, 1597~1650", *Journal of Economic History*, 54(1), 1994.
Sargent, T. and B. Smith, "Coinage, Debasement and Gresham'Laws", *Economic Theory*, 10, 1997.
Sussman, N., "Debasement, Royal Revenues, and Inflation in France during the Hundred Years' War, 1415~1422", *Journal of Economic History*, 53(1), 1993.
Sussman, N. and J. Zeira, "Commodity Money Inflation: Theory and Evidence from France in 1350~1436", *Journal of Monetary Economics* 50, 2003.
Velde, F., W. Webber, and R. Wright, "A Model of Commodity, with Applications to Gresham's Law and the Debasement Puzzle", *Review of Economic Dynamic*, 2, 1999.

찾아보기